SCHWEDISCH
NORWEGISCH
DÄNISCH
NIEDERLÄNDISCH
Lernen mal anders

Die 100 wichtigsten Vokabeln

SPRACHEN
Lernen mal anders

Schwedisch, Norwegisch, Dänisch, Niederländisch lernen mal anders
Die 100 wichtigsten Vokabeln
von
Sprachen lernen mal anders

www.sprachenlernenmalanders.de
E-Mail: seppeur@sprachenlernenmalanders.com

Überarbeitete Auflage 2022
© 2019 Sonja Seppeur, Liegnitzer Str. 17, 95448 Bayreuth
Alle Rechte vorbehalten.
Druck: Amazon Fulfillment

ISBN: 978-1076090386

Newsletter

Sicher dir jetzt den kostenlosen Sprachenguide mit den 10 wichtigsten Vokabeln der Sprachen Englisch, Französisch, Spanisch, Portugiesisch und Italienisch über unseren Newsletter auf:

www.sprachenlernenmalanders.com/sprachenguide

Sprachen-Guide

SPANISCH ENGLISCH
FRANZÖSISCH PORTUGIESISCH
ITALIENISCH

Lernen mal anders

Die 10 wichtigsten Vokabeln

Inhaltsverzeichnis

Einleitung	1
Schwedisch Einleitung	7
Die fünf wichtigsten Wörter	7
Aussprache und Lautschrift	8
Wie funktionieren unsere Lernhilfen?	12
Thema Bar	15
Geschlecht	18
Plural	19
Thema Weg	21
Verben	23
Thema Familie	25
Modalverben	27
Thema Restaurant	29
Pronomen	30
Thema See	31
Satzbau	33
Thema Medizin	35
Genitiv	37
Thema Supermarkt	39
Fragewörter	42

Thema Strand	45
Bindewort (Konjunktion)	46
Thema Post	47
Wörter mit Endung -ion	50
Thema Lernen	53
Zeit – (en) tid	55
Thema Polizei	59
Thema Farben	61
100 ähnliche Wörter	63
Redewendungen	69
Zahlen	77
Besonderheiten und Anekdoten	81
Wo wird Schwedisch gesprochen?	81
Fun Fact	81
Mit dem Auto in Schweden	81
Zugfahren in Schweden	82
Busfahren in Schweden	83
Essen in Schweden	83
Klima und Wetter in Schweden	84
Feste	84
Urlaub in Schweden	86
Wohnen in Schweden	88

Medizin	88
Norwegisch Einleitung	**91**
Die fünf wichtigsten Wörter	91
Aussprache und Lautschrift	92
Wie funktionieren unsere Lernhilfen?	94
Thema Bar	**97**
Geschlecht	100
Thema Weg	**103**
Verben	106
Thema Familie	**109**
Die Verwandtschaftsbezeichnungen	111
Thema Restaurant	**113**
Pronomen	115
Thema See	**117**
Satzbau	120
Groß- und Kleinschreibung	120
Thema Medizin	**121**
Thema Supermarkt	**125**
Fragewörter	128
Thema Strand	**131**
Bindewort (Konjunktion)	132

Thema Post	133
Wörter mit Endung -ion	136
Thema Lernen	139
Zeit – (en) tid	141
Thema Polizei	145
Modalverben	147
Thema Farben	151
100 ähnliche Wörter	153
Redewendungen	159
Zahlen	167
Besonderheiten und Anekdoten	171
Norwegen-Basics	171
Mentalität der Norweger	171
Mit dem Auto in Norwegen	172
Öffentliches Verkehrsnetz	173
Klima und Wetter in Norwegen	173
Jedermannsrecht – Allemannsretten	174
Wohnmobile	175
Nationalparks	176
Feste in Norwegen	176
Schulsystem in Norwegen	177
Medizinische Versorgung	177

Währung	178
Trolle	179
Fun Fact	179

Dänisch Einleitung — 183

Die fünf wichtigsten Wörter	183
Aussprache und Lautschrift	184
Wie funktionieren unsere Lernhilfen?	186

Thema Bar — 189

Artikel	191
Plural	193

Thema Weg — 195

Verben	198

Thema Familie — 201

Die Verwandtschaftsbezeichnungen	203

Thema Restaurant — 205

Pronomen	207

Thema See — 209

Satzbau	211
Groß- und Kleinschreibung	212

Thema Medizin — 213

Thema Supermarkt — 217

Fragewörter	220

Thema Strand	**223**
Bindewort (Konjunktion)	225
Thema Post	**227**
Wörter mit Endung -ion	229
Thema Lernen	**231**
Zeit – (en) tid	234
Thema Polizei	**237**
Modalverben	238
Thema Farben	**241**
100 ähnliche Wörter	**243**
Redewendungen	**249**
Zahlen	**255**
Besonderheiten und Anekdoten	**259**
Dänemark-Basics	259
Mit dem Auto in Dänemark	259
Öffentliches Verkehrsnetz	259
Digitales Dänemark	260
Wohnmobile	261
Feste in Dänemark	261
Dannebrog – die dänische Flagge	262
Währung	263
Julenisse	263

Weitere Fun Facts 263

Niederländisch Einleitung **267**

Die fünf wichtigsten Wörter 267
Aussprache und Lautschrift 269
Wie funktionieren unsere Lernhilfen? 271

Thema Bar **273**

Personalpronomen 275
Groß- und Kleinschreibung 276
Artikel 277
Plural 277

Thema Weg **279**

Pronomen (besitzanzeigend) 281

Thema Familie **283**

Verb sein – zijn im Präsens (Gegenwart) 285
Die Verwandtschaftsbezeichnungen 287

Thema Restaurant **289**

Gastronomie in den Niederlanden 291
50 Verben, Infinitiv, Präteritum, Partizip 293

Thema See **299**

Präpositionen 301
Verkleinerungsform -je, -pje, -tje, -etje 305

Thema Medizin **307**

Thema Supermarkt 309

Fragewörter 311

Thema Strand 315

Bindewort (Konjunktion) 316

Thema Post 317

Steigerung und Vergleich 319
Wörter mit Endung -ion 321

Thema Lernen 323

Zeit – tijd 325
Adjektive und ihre Veränderung 329

Thema Polizei 331

Verb sein – zijn im Präteritum 332
Modalverben 334

Thema Farben 339

100 ähnliche Wörter 341

Redewendungen 347

Zahlen 351

Besonderheiten und Anekdoten 355

Wo wird Niederländisch gesprochen? 355
Verkehr in den Niederlanden 356

Was muss man in den Niederlanden gesehen und erlebt haben?	357
Falsche Freunde	358
Fun Facts	359
Small Talk über das Wetter	360

Einleitung

Zieht es dich nach Amsterdam mit seinen Kanälen und Brücken, in das wunderschöne Kopenhagen, die Stadt der Gegensätze Oslo oder in die beliebte Trendstadt Stockholm? Möchtest du in ein buntes Ferienhaus am See, die magischen Nordlichter sehen und an einem der beliebten Hunde-Schlittenfahrten teilnehmen?

Egal, ob Wandern in den niederländischen Dünen oder durch die norwegischen Nationalparks, Kanufahren auf den zahlreichen schwedischen Seen, mit dem Wohnmobil den Zauber der unberührten Natur entdecken oder eine ganze Skandinavien-Reise. Mit den wichtigsten Sprach-Basics steht dir die Welt offen.

Nach dem Weg fragen? Smalltalk mit Einheimischen? Einen Kaffee bestellen? Auf dem Markt einkaufen? Auch im Notfall schnell reagieren? Für all diese Situationen bist du mit „Sprachen lernen mal anders – Die 100 wichtigsten Vokabeln" bestens ausgerüstet. Die 100 wichtigsten Wörter sind in alltagstauglichen Beispielsätzen verpackt und nach 12 Reisethemen geordnet. Ganz nebenbei erfährst du die wichtigste Grammatik, lernst die richtige Aussprache und erfährst interessante und lustige Fakten über das jeweilige Land.

Du wirst dir in kürzester Zeit die 100 wichtigsten schwedischen, norwegischen, dänischen und niederländischen Vokabeln merken. Schwierige Vokabeln werden mittels innovativer Lerntechniken wie der Wortherkunft, der Ähnlichkeit zu anderen Sprachen und Eselsbrücken in deinem Gedächtnis haften bleiben.

Werde jetzt zum Sprachen-Ass und starte in dein nächstes Abenteuer!

Einleitung

Zu deiner Unterhaltung haben wir einige Fun Facts eingestreut. Diese findest du in den grau hinterlegten Kästen:

Schweden
In dem Stadtteil Lappis, nördlich der Universität von Stockholm, geschieht jeden Dienstag um 22 Uhr etwas Wunderliches. Die Fenster öffnen sich und heraus kommt lautes Geschrei. Einige Minuten lang schreien sich die Studenten enthusiastisch ihren Frust von der Seele. In der Stadt Uppsala wird seit den 70iger Jahren sogar jeden Tag um 22 Uhr geschrien.

Norwegen
1251 hat Henry III von England einen Polarbären vom norwegischen König geschenkt bekommen. Er wurde im Tower von London gehalten und konnte an einer langen Leine in der Themse schwimmen.

Dänemark
In Dänemark wird, genauso wie in Schweden oder Norwegen, bis auf Mitglieder des Königshauses, jeder geduzt. Es soll deutlich machen, dass jeder den gleichen Respekt verdient.

Niederlande
Die Niederländer sagen: „Gott schuf die Erde, wir schufen Holland"! Ja, die Niederlande sind ein bezauberndes Kunstwerk auf kleinem Raum!

Um ein Gefühl für unsere Lerntechniken zu bekommen, starten wir jeweils in der Einleitung mit den fünf wichtigsten Wörtern. Zusätzlich erklären wir dir die jeweilige Aussprache und unsere dazugehörige Lautschrift. Los geht's!

SCHWEDISCH
Lernen mal anders

Die 100 wichtigsten Vokabeln
für
Reisende
Abenteurer
Digitale Nomaden
Sprachenbegeisterte

SPRACHEN
Lernen mal anders

Schwedisch Einleitung

Die fünf wichtigsten Wörter

Hallo
Tschüss
Entschuldigung
Wie viel kostet?
Danke

Die gängigsten schwedischen Begrüßungen unter Jugendlichen und Freunden lauten „hej" und „_dschena_ – **Tjena**". „_guːd mɔrɔn_ – **god morgon**" oder „_guːd dag_ – **god dag**" sind förmlichere Varianten.

Zum Abschied nimmst du „**hej hej**" oder das englische „bye".

Entschuldigung, entschuldige mich! – _ürschäkta mej_ – **ursäkta mig!**
LH (Lernhilfe): _Weil ich ein „**Checker**" bin, weiß ich, wann ich mich zu entschuldigen habe._

Wie viel kostet das? – _hü müke koßta de_ – **hur mycket kostar det?**
LH: _In diesem Satz benötigt nur „**hur mycket**" eine Eselsbrücke. Hier hilft uns die Ähnlichkeit mit dem engli-_

schen „how much" und „how many" weiter. Für die genaue Aussprache → **hüten** wir **Mücken** und fragen uns, wie viele Mücken das eigentlich sind.

Danke – *takk* – **tack**

LH: Auch bei „**tack**" erkennen wir wieder die Sprachverwandtschaft in Europa. Das deutsche „**d**" wandelt sich gerne in „**t**", z.B. „thanks". Das „**n**" wird im Schwedischen verschluckt und so erhalten wir ein kurzes „**tack**". Alternativ leiht dir der Nachbar einen **Tacker** und du bedankst dich bei ihm: **Tack!**

Aussprache und Lautschrift

- Deutsch in Normaldruck,
- die Lautschrift in *kursiv* (wobei die *zu betonende Silbe* unterstrichen wird) und
- das geschriebene Fremdwort in Fettdruck.

Schwedisch Einleitung

Wir bedienen uns einer eigens entwickelten, stark vereinfachten Lautschrift:

ɔ in unserer Lautschrift ist ein offenes **o** wie in:

Motor – *mu:tɔr* – **motor**

ng in unserer Lautschrift klingt wie:

Gesang – *sɔng* – **sång**

Das umgedrehte *ə* ist das nach unten abfallende **e** wie in Matte, Kette...

Der Doppelpunkt *:* in der Lautschrift bedeutet, dass der Vokal lang gesprochen wird.

Der letzte Konsonant wird im schwedischen oft nicht gesprochen.

Adjektive haben oft die Endung **-ig**. Das **-g** ist meist stumm oder ein ganz leichtes **d**.

Du bist lustig. – *dü är roli* – **Du är rolig.**

o wird häufig *u* gesprochen:

Fuß – *fu:t* – **fot**

Schwedisch

å wird meist **ɔ** gesprochen:

Ziel – *mɔ:l* – **mål**

LH: Mein Ziel ist die **Mall** in New York.

c vor „a, o, u" wird wie **k** gesprochen:

Camping – *kämping* – **camping**

c vor „e, i, y" wird mit einem stimmlosen **s** gesprochen wie das Deutsche „Susi":

Zentrum – *ßentrum* – **centrum**

LH: Vor „e, i" spreche das **s** weich, weil Su*si* weichgekochte Eier mag.

g vor „e, i, y, ä, ö" wird wie **j** gesprochen.

g nach „l, r" wird ebenfalls wie **j** gesprochen.

LH: Merke dir den „*g ei* (j) *er*" (*Geier*).

Elch – *älj* – **älg**

Berg – *berj* – **berg**

Die übrigen **-g** am Ende werden oft nicht oder sehr weich gesprochen, wie ein weiches **d**.

dj, **gj**, **hj**, **lj** wird wie **j** gesprochen

k vor „e, i, y, ä, ö" wird wie **sch** gesprochen:

Kirche – *schürka* – **kyrka**

sj, **skj**, **stj** wird wie *sch* gesprochen:

Stern – *schä:<u>rna</u>* – **stjärna**

kj, **tj** wird wie *sch* gesprochen.

sk vor „e, i, y, ä, ö" wird wie *ch* gesprochen:

Schinken – <u>*chingka*</u> – **skinka**
(*ch* kehlig gesprochen wie in „Dach")

ng, **gn** wird wie das nasale **ng** wie in „lang" oder „singen" gesprochen:

lang – *long* – **lång**
Regen – *reng* – **regn**

Die Betonung liegt meist auf dem ersten Vokal, nur bei Fremdwörtern auf dem letzten Vokal:

Telefon – *tel<u>əfo:</u>n* – **telefon**

Wie funktionieren unsere Lernhilfen?

Vielleicht hast du den Satz „Du bist lustig. – *dü är roli* – **Du är rolig.**" alleine vom Sehen (visueller Lerntyp) oder Hören (auditiver Lerntyp) im Gedächtnis verankert, vielleicht brauchst du aber auch eine Lernhilfe.

Was zeichnet eine Lernhilfe aus? Sie kann z.B. logisch erklärt sein mittels Herleitung der Stammsilbe, sie kann auf einer ähnlichen Vokabel im Englischen beruhen, sie kann mit der Schlüsselwortmethode arbeiten oder auch einfach nur verrückt und witzig sein.

Im Beispiel „**rolig**" bietet sich die Schlüsselwortmethode an:

Das Wort ist ähnlich unserem „rollen". Jetzt musst du nur noch „rollen" mit „lustig" verbinden, und zwar möglichst bildhaft. Rolle eine Düne abwärts und alle finden das extrem lustig.

Wenn du dieses oder ein ähnliches Bild einige Male im Kopf wiederholst, wird dein Gedächtnis die Verbindung zur richtigen Bedeutung herstellen.

Schwedisch Einleitung

Die folgenden Themen-Kapitel starten jeweils mit einer Vokabelliste mit zwischen 6 und 13 Wörtern. Danach folgen Beispielsätze und Redewendungen, die alle Vokabeln aus der vorherigen Liste enthalten. Hierbei findest du die Lautschrift in der zweiten Zeile in Kursivdruck.

Schwierige Wörter, die nicht klangähnlich zur deutschen Übersetzung sind, werden im Weiteren mit einer Lernhilfe (LH:) ausgestattet. Zusätzlich findest du in den einzelnen Kapiteln spannende Fun Facts und die wichtigste Grammatik.

Los geht's mit dem ersten Thema. Du befindest dich in einer Bar in Stockholm und möchtest gerne etwas zu trinken bestellen.

Viel Spaß! – *ha so kül* – **Ha så kul!**

Thema Bar

1. **baren, en bar** – *baren*	die Bar, eine Bar
2. **jag har** – *jɔ:g har*	ich habe
3. **törsten** – *duschden*	der Durst
4. **dricka** – *drikka*	trinken
5. **teet, ett te** – *teə*	der Tee, ein Tee
6. **vattnet, et vatten** – *wattnet*	das Wasser, ein Wasser
7. **eller** – *ällər*	oder
8. **kaffet, en kaffe** – *kafä*	der Kaffee, ein Kaffee
9. **med** – *med*	mit
10. **sockret, ett socker** – *ett ßɔkər*	der Zucker, ein Zucker
11. **var** – *war*	wo
12. **toaletterna** – *toleterna*	die Toiletten

Ich bin durstig.
jɔ:g är duschtik.
Jag är törstig.

Schwedisch

Trinkst du einen Kaffee, Tee oder Wasser?
drikkər dü kaffe, tee əllər watten?
Dricker du en kaffe, te eller vatten?

Ich trinke Kaffee mit Zucker.
jɔ:g drikkər kaffe med ßɔkər.
Jag dricker kaffe med socker.

Wo finde (ich die) Toiletten?
wa finß toleterna?
Var finns toaletterna?

ich habe... gefunden – **jag har funnit...**
ich fand... – **jag fann...**

oder – *əllər* – **eller**
LH: Habe ich mir die **Elle** oder Speiche gebrochen?

trinken – *drikka* – **dricka** (Infinitiv)

ich trinke	*jɔ:g drikkər*	**jag dricker**
du trinkst	*dü drikkər*	**du dricker**
er/sie/es trinkt	*han/hun/den/de drikkər*	**han/hon/den/det dricker**
wir trinken	*wi: drikkər*	**vi dricker**
ihr trinkt	*ni drikkər*	**ni dricker**

Thema Bar

| sie trinken | *dom drikkər* | **de dricker** |

ich habe getrunken – **jag har druckit...**
ich trank – **jag drack...**

Schwedisch

Geschlecht

Es gibt nur zwei grammatikalische Geschlechter:

- männlich/weiblich (en-Wörter, Utrum)
- sächlich (ett-Wörter, Neutrum)

Singular

Im Singular erkennst du das Geschlecht an dem vorangestellten unbestimmten Artikel (ein/eine/einer/eines):

en für männlich/weiblich und **ett** für sächlich

ein Mann	**en man**
eine Frau	**en kvinna**
ein Kind	**ett barn**

Der bestimmte Artikel (der/die/das) wird an das Substantiv angehängt:

(e)n für männlich/weiblich und **(e)t** für sächlich

der Mann	**mannen**
die Frau	**kvinnan**
das Kind	**barnet**

Etwas 75% aller Substantive gehören zu den en-Wörtern.

Thema Bar

Plural

Beim Geschlecht männlich/weiblich wird der Plural meist mit **-or**, **-ar** oder **-er** gebildet:

Frauen	kvinnor
Gärten	trädgårdar
Bilder	bilder

Beim Geschlecht sächlich wird der Plural meist mit **-n** oder ohne Endung gebildet:

Kinder	barn
Häuser	hus

Tipp

Ein kleines Trinkgeld bzw. ein Aufrunden des Betrages genügt, mehr wird nicht erwartet. Die Service-Pauschale ist in der Rechnung bereits enthalten. Dienstleister wie Kofferträger haben oft feste Gebühren.

Thema Weg

13. **älven** – _älfen_	der Fluss
14. **nära** – _na:ra_	nah
15. **vi går** – _wi: gɔr_	wir gehen
16. **till vänster** – _till wänßter_	links
17. **och** – _o_	und
18. **rakt fram** – _rakt fram_	geradeaus
19. **nej** – _nej_	nein
20. **vägen** – _wägen_	der Weg
21. **till** – _till_	nach/zur
22. **bron** – _brun_	die Brücke
23. **till höger** – _till högə_	rechts
24. **här längs** – _ha:r längs_	hier lang
25. **Kom!** – _kom!_	Komm!

Schwedisch

Der Fluss ist nah.
älfen är na:ra.
Älven är nära.

Wir gehen nach links und dann geradeaus.
wi: gɔr till wänßter o ßedann rakt fram.
Vi går till vänster och sedan rakt fram.

Nein, der Weg zur Brücke führt nach rechts.
nej, wägen till brun lädə till högə.
Nej, vägen till bron leder till höger.

Hier lang, komm!
ha:r längs, kom!
Här längs, kom!

nach links – *till wanßter* – **till vänster**
LH: engl. **till** – bis
Bis du links am **Fenster** bist, hat dich das **Monster** längst erwischt.

geradeaus – *rakt fram* – **rakt fram**
LH: Geradeaus **ragt Frau** aus der Masse heraus.

nach rechts – *till högə* – **till höger**
LH: Rechts läuft der **tröge Holger**.

Verben

Die Verben haben in allen Personen (ich, du, er, sie, es, wir, ihr, sie) und im Singular und Plural die gleiche Form.

Den Infinitiv erkennt man an dem Kennzeichen **att** vor dem Verb, vergleichbar dem englischen „to be".

sein	*at wora*	**att vara**
ich bin	*jɔ:g är*	**jag är**
du bist	*dü är*	**du är**
er ist	*han är*	**han är**
sie ist	*hun är*	**hon är**
es ist	*den/de är*	**den/det är**
wir sind	*wi: är*	**vi är**
ihr seid	*ni: är*	**ni/Ni är (Sie)**
sie sind	*dom är*	**de är**

Alle Verben im Präsens (Gegenwart) enden in der Regel auf **-r** (bei einsilbigen Verben) und **-ar** oder **-er** (bei mehrsilbigen Verben).

ich komme aus...	*jɔ:g <u>komma</u> frɔn*	**jag kommer från...**
du kommst aus...	*dü <u>komma</u> frɔn*	**du kommer från...**

Schwedisch

er geht nach...	*han gɔr till*	**han går till...**
sie geht nach...	*hun gɔr till*	**hon går till...**
wir haben...	*wi: har*	**vi har...**
ihr habt...	*ni: har*	**ni har**
sie nehmen...	*dom tar*	**de tar**

Tipp

Du solltest immer eine Kreditkarte dabeihaben. An vielen Tankstellen kann nicht mehr bar bezahlt werden. Es ist wichtig, dass die Karte Chip und Pin hat, ältere Magnetstreifen werden häufig nicht akzeptiert.

Thema Familie

26. **familjen** – *familjən*	die Familie
27. **ja** – *ja*	ja
28. **kvinnan, en kvinna** – *kwinna*	die Frau, eine Frau
29. **mannen, en man** – *mann*	der Mann, ein Mann
30. **litet** – *lited*	klein
31. **barnet, ett barn** – *bo:n*	das Kind, ein Kind
32. **huset, ett hus** – *ett hüß*	das Haus

Hast du Familie?
ha du familjə?
Har du familj?

Ja, Frau/Mann und ein kleines Kind.
ja kwinna/mann o ett lited bo:n.
Ja, kvinna / man och ett litet barn.

Wir leben/wohnen in einem Haus.
wi: bur i ett hüß.
Vi bor i ett hus.

Schwedisch

ja – *jo:* – **ja**
nein – *nej* – **nej**

Frau – *kwi:na* – **kwinna**
LH: klangähnlich **Queen**
Ehefrau heißt „**hustru**" oder „**maka**", eine Frau Meier heißt „**fru** Meier".

kleines Kind, Kleinkind – *lited bo:n* – **litet barn**
LH: engl. **little** – klein; ein geborenes Kind

leben/wohnen – *bu:* – **bo**
LH: hier geboren, hier gelebt...

ich lebe/wohne	*jɔ:g bu:r*	**jag bor**
ich wohnte in...	*jɔ:g budde i*	**jag bodde i...**
wir haben in ... gewohnt	*wi: har butt i*	**vi har bott i...**

Thema Familie

Modalverben

Den deutschen Modalverben „dürfen, können, mögen, müssen, sollen und wollen" folgt ein Vollverb im Infinitiv.

Darf ich reinkommen?
fɔr jɔːg komma in?
Får jag komma in?

Kann ich für dich zahlen?
kann jɔːg betɔla for dej?
Kan jag betala för dig?

Möchtest/willst du joggen?
will dü dschogɑ?
Vill du jogga?

Musst du heimgehen?
moßte dü go hem?
Måste du gå hem?

Sollen wir ins Konzert gehen?
ßka wi go till konßärten?
Ska vi gå till konserten?

Willst du (haben) einen Kaffee?
will dü hɔ ɔn kaffe?
Vill du ha en kaffe?

Schwedisch

Tipp

Wenn du in ein privates Haus eingeladen wirst, ist es üblich, die Schuhe auszuziehen, sonst wird es als unhöflich empfunden.

Thema Restaurant

33. **jag vill** – *jɔːg will*	ich will
34. **vi äta** – *wi äta*	wir essen
35. **väldigt** – *wäldigt*	sehr, viel
36. **hungrig** – *hungrig*	hungrig
37. **Vad finns?** – *watt finnß?*	Was gibt es?
38. **restaurang** – *restaurang*	Restaurant
39. **fisken, en fisk** – *fißk*	der Fisch, ein Fisch
40. **saltet, ett salt** – *ßalt*	das Salz, ein Salz

Wollen wir essen gehen?
will wi äta?
Vill vi äta?

Ich habe viel Hunger.
jɔːg är wäldigt hungrig.
Jag är väldigt hungrig.

Was gibt es (findet sich) in diesem Restaurant?
watt finnß i denna restaurang?
Vad finns i denna restaurang?

Schwedisch

Es gibt (findet sich) Fisch mit Salz.
de finnß fißk med ßalt.
Det finns fisk med salt.

Fun Fact
Im Restaurant gibt es zum Essen kostenlos und unbegrenzt Wasser. Oft ist auch ein „Kaffee nach dem Essen" inbegriffen.

Pronomen

mir/mich	*mej*	**mig**
dir/dich	*dej*	**dig**
sich	*sej*	**sig**
uns	*ɔß*	**oss**
euch, Ihnen, Sie	*e:r*	**er, Er**
ihnen, sie	*dom*	**dem**

Thema See

41. **jag sover** – *jɔ:g ßowə*	ich schlafe
42. **vid sjön** – *wid sjönn*	am See
43. **på natten** – *po na̱then*	nachts, in der Nacht
44. **lite** – *li̱tte*	ein bisschen, etwas
45. **kallt** – *kall*	kalt
46. **berget** – *be̱rət*	das Gebirge, die Berge
47. **en stjärna** – *en chä̱rna*	ein Stern

Nachts ist ein Stern über dem Berg.
po na̱tten ä̱r en chä̱rna ö̱wər be̱rət.
På natten är en stjärna över berget.

Ich schlafe nachts am See.
jɔ:g ßowə wid sjönn po na̱then.
Jag sover vid sjön på natten.

Es ist etwas kalt.
dät är li̱tte kall.
Det är lite kallt.

Schwedisch

nachts – *po <u>na</u>then* – **på natten**
„**på**" bedeutet „auf":

auf der Reise	*po <u>re</u>ßa*	på resan
auf Schwedisch	*po ßwenßka*	på svenska
auf Deutsch	*po tüßka*	på tyska
tagsüber	*po dɔgen*	på dagen
auf Gotland	*po gottland*	på Gotland

schlafen – *<u>ß</u>owa* – **sova**

LH: Auf dem **Sofa** schlafe ich besonders gut.

wir schlafen	*wi: <u>ß</u>owər*	vi sover
wir schliefen	*wi: ßow*	vi sov

Satzbau

Der Satzbau ist ähnlich dem Deutschen.

Aussagesatz:

Jule ist hier.
jule är här.
Jule är här.

Fragesatz:

Ist Sophie eine Studentin?
är sofi: en ßtu_den_?
Är Sophie en student?

Fun Fact
Donald Duck ist so beliebt, dass es 2006 gesetzlich verboten wurde, ihn zu wählen. Von Protestwählern wurde der Name auf den Wahlzettel geschrieben und angekreuzt.

Thema Medizin

48. **God dag!** – *gu:d dag!*	Guten Tag!
49. **Ursäkta mig!** – *ür__schä__kta mej!*	Verzeihung!, Entschuldigung!
50. **doktor** – *dok__tor__*	der Arzt, die Ärztin (der Doktor)
51. **jag är** – *jɔ:g är*	ich bin
52. **sjuk** – *schük*	krank
53. **jag behöver** – *jɔ:g bəhöwə*	ich brauche
54. **hjälp** – *jellp*	die Hilfe
55. **medicinen** – *medi__sin__*	die Medizin, die Medikamente

Guten Tag, Hallo, entschuldigen Sie, wo ist ein Arzt?
hej, ür__schä__kta mej, wa __ä__rə dok__tor__?
Hej, ursäkta mig, var ä en doktor?

Ich bin krank und brauche Hilfe und Medizin.
jɔ:g är schük o bəhöwə jellp o medi__sin__.
Jag är sjuk och behöver hjälp och medicin.

Schwedisch

krank – *schü:g* – **sjuk**

LH: **Schü**ler sind leider oft krank oder bisschen „me**schügge**".

brauchen – *bəhöwa* – **behöver**

LH: ähnlich „**bei Hofe**"
Der König **bei Hof** braucht sehr viele Diener.

Ich brauche ein Auto.
jɔ:g bəhöwə en bil.
Jag behöver en bil.

Wir brauchen Zugtickets.
wi: bəhöwə tɔbiljättə.
Wi behöver tågbiljetter.

Hilfe – *jellp* – **hjälp**
LH: engl. **help**

> **Tipp**
> Du musst Nummern ziehen in Apotheken, Banken, Lotto-Annahmestellen, beim Bäcker, bei der Post und vielen anderen Dienstleistern.

Genitiv

Der Genitiv (besitzanzeigend) wird durch einfaches Anhängen von -s gebildet:

Der Name meiner Frau
min fruß nam
Min frus namn

Sonjas Kind
sonjas bɔn
Sonjas barn

Sinas kleiner Bruder
sinas lillebru:
Sinas lillebror

> **Fun Fact**
> Mehr als 1500 Schweden nehmen am Programm SMS-Life-Saver schwedenweit teil. Sie bekommen eine SMS mit Adresse und Karte, wenn im Umkreis von 500 Metern eine mögliche Herzattacke gemeldet wurde. In 40% der Fälle waren die Life-Saver vor den offiziellen Rettungsdiensten am Ort und leisteten qualifizierte 1. Hilfe. Dadurch erhöhte sich die Überlebensrate um 50%.

Thema Supermarkt

56. stormarknad – *ßtu:rmagnet*	der Supermarkt
57. livsmedelen – *li:fßmedelen*	die Lebensmittel, die Nahrungsmittel
58. köttet – *schött*	das Fleisch
59. grönsakerna – *grönßakərna*	das Gemüse
60. frukten – *frukten*	die Frucht, das Obst
61. brödet, ett bröd – *bröded*	das Brot, ein Brot
62. är dyrt – *är dürt*	ist teuer
63. jag köper – *jɔ:g schöpər*	ich kaufe
64. mer – *mer*	mehr

Schwedisch

Im Supermarkt gibt es (finden sich) Lebensmittel wie Fleisch, Gemüse, Obst und Brot.
i ßtuːr<u>ma</u>gnet finnß liːfß<u>mä</u>del sɔm schött, grönßakər, frukto bröd.
I stormarknad finns livsmedel som kött, grönsaker, frukt och bröd.

Das Fleisch ist teuer, ich kaufe mehr Brot.
<u>schö</u>ttet är dürt, jɔːg <u>schö</u>pər mer bröd.
Köttet är dyrt, jag köper mer bröd.

Supermarkt – *ßtuːr<u>ma</u>gnad* – **stormarknad**

LH: *engl.* **store** + **Markt** (*mit* **Magneten**)

Lebensmittel – *liːfß<u>mä</u>del* – **livsmedel**

LH: *engl.* **live** – *leben*

wie (Adv.) – *som* – **som**

wie, sowie (Konj.) – *likßom* – **liksom**

LH: *engl.* **like** – *ähnlich, wie;* **some** – *einige, etwa, etwas*

Fleisch – *schött* – **kött**

LH: **Kött**bullars, *die Fleischklößchen im schwedischen Möbelhaus*

Gemüse – *grönßakər* – **grönsaker**

LH: *Klingt wie* **grüne Socke** *im Gemüse.*

Thema Supermarkt

teuer – *dü* – **dyrt**

LH: Bei **Dürre** wird alles *teuer*.

Fun Fact
Alles Mögliche wird in Tuben verkauft, z.B. Wurst und Käse.

Ich kaufe ein Brot.
jɔːg schöpə ett bröd.
Jag köper ett bröd.

Du kaufst Wasser.
dü schöpə watten.
Du köper vatten.

Er kauft Steak.
han schöpə ßtiäk.
Han köper stek.

Wir kaufen Salat.
wiː schöpə ßallad.
Vi köper sallad.

Ihr kauft Ketchup.
dü schöpə ketschup.
Du köper ketchup.

Schwedisch

Sie kaufen Kartoffeln.
dom schöpə pɔtɔtiß.
De köper potatis.

Fragewörter

was – *wɔ(d)*	vad
Was machen wir?	Vad gör vi?
Was möchtest/willst du haben/trinken/essen/wissen?	Vad vill du ha/dricka/äta/veta?

wer – *wemm*	vem
Wer ist das?	Vem är det?
Wer will mitkommen?	Vem vill komma?

wann – *näa*	när
Wann kommst du?	När kommer du?
Wann fährst du heim?	När åka du hem?

wo – *wɔa*	var
Wo wohnst du?	Var bor du?
Wo bist du?	Var är du?

Thema Supermarkt

warum – _warfö_	varför
Warum fragst du?	**Varför frågar du?**
Warum nicht?	**Varför inte?**

Thema Strand

65. **idag** – *ido*	heute
66. **varm** – *wa:m*	heiß, warm
67. **dagen** – *dagen*	der Tag
68. **på stranden** – *po ßtranden*	am Strand
69. **nog** – *nog*	genug
70. **solen** – *ßu:len*	die Sonne
71. **Fint!** – *fint!*	toll, fantastisch

Heute ist ein warmer Tag.
ido ärə wa:m dag.
Idag är en varm dag.

Ich bin am Strand.
jɔ:g är po ßtranden.
Jag är på stranden.

Es gibt genug Sonne. Toll!
de finnß no:g med ßu:l. fint!
Det finns nog med sol. Fint!

heute – *ido* – **idag**
LH: *Heute trifft **Ido** sein **Ido**l.*

Schwedisch

Sonne – *ßu:l* – **sol**
LH: *Solaranlagen*

Bindewort (Konjunktion)

oder	*ällər*	eller
aber	*män*	men
auch	*ɔkßɔ*	också
nur	*bɔra*	bara
also	*aldsɔ*	alltså
als (bei Vergleich)	*än*	än
dass	*ä:t*	att
seit	*ße:da:n*	sedan
weil	*äftəschɔmm*	eftersom
wenn (Bedingung)	*ɔm*	om
wenn (zeitlich)	*nar*	när

Aussprache: Versuche das **r** bei „*nar*" mit nach hinter gebogener Zunge zu sprechen, ähnlich wie bei engl. „mirror – Spiegel".

Thema Post

72. **nästa** – _neßta_	nächste(r,s)
73. **postkontoret** – _postkonturet_	die Post, das Postamt
74. **jag vill** – _jɔ:g will_	ich möchte
75. **stort** – _ßtu:r_	groß
76. **brevet, ett brev** – _bre:wett_	der Brief, ein Brief
77. **tack** – _takk_	bitte
78. **när** – _när_	wann, wenn, als
79. **långsamt** – _longsamm_	langsam
80. **pengarna** – _penganna_	das Geld

Wo ist das nächste Postamt?
War är neßta postkontur?
Var är nästa postkontor?

Ich will diesen großen Brief schicken, bitte.
jɔ:g will chikka ett ßtu:r bre:w, takk.
Jag vill skicka ett stort brev, tack.

Wann kommt er an.
när komma han fram.
När kommer han fram.

Die Post ist langsam.
poßtkɔntu:ret är longsamm.
Postkontoret är långsamt.

Hier ist das Geld.
ha är penganna.
Här är pengarna.

groß – *ßtu:r* – **stor**

LH: So ein großer Widder kann ganz schön **stur** mit dem Kopf durch die Wand wollen.

Größe – *ßtu:ljek* – **(en) storlek**

fram → fram bedeutet „vorne" oder „Front".
„framtand" ist z.B. der Vorderzahn.

Zukunft – *framti:d* – **framtid**

„**fram**" zählt zu den Präpositionen und die werden unterschiedlich verwendet. Sie sind nicht eins zu eins aus dem Deutschen zu übersetzen. Das kennen wir schon aus dem Englischen.

Thema Post

Geld – *penga:* – **pengar**

LH: *Ein Räuber bedroht einen Kassierer mit einer Pistole („**Peng!**"), um Geld zu bekommen.*

Tipp
Die Post wurde überwiegend ausgelagert in Supermärkte. In kleineren Ortschaften haben die Häuser keine eigenen Briefkästen, sondern holen ihre Post an gekennzeichneten Sammelhäuschen ab.

Schwedisch

Wörter mit Endung -ion

abstraktion

acclimatization

aggression

amputation

animation

argumentation

association

attraktion

champion

conversation

direktion

expedition

explosion

funktion

fusion

infektion

kombination

konstruktion

konvention

lotion

operation

portion

procession

reaktion

reception

region

Thema Post

situation

station

tradition

transfusion

version

definition

degeneration

dekoration

delegation

demonstration

depression

dimension

diskussion

dokumentation

emotion

emission

Thema Lernen

81. **jag lär** – *jɔ:g lär*	ich lerne
82. **jag kan** – *jɔ:g kenn*	ich kann
83. **jag säger** – *jɔ:g seija*	ich sage
84. **orden** – *u:denn*	die Wörter
85. **saken** – *ßɔgen*	die Sache, das Ding
86. **varför** – *warföa*	warum
87. **wem** – *wemm*	wer
88. **god, bra** – *god, bra:*	gut

Ich lerne (mir) schwedisch.
jɔ:g lär mej ßwenßka.
Jag lär mig svenska.

Ich kann die Wörter „Ding, warum und wer" sagen.
jɔ:g kenn seija u:denn „ßɔg, warföa o wemm".
Jag kan säga orden „sak, varför och vem".

Eine gute Klasse.
en bra: klas.
En bra klass.

Schwedisch

Sache/Ding – *Bɔg* – **(en) sak**

LH: In einem **Sack** werden Sachen befördert.

warum – *warföa* – **varför**

LH: **War**um existieren **För**den? Förde sind die sichtbaren Folgen von Gletschern, die sich von See aus landwärts bewegt haben und ein bestehendes Tal vertieft haben. Das Gegenteil sind Fjorde, die sich seewärts bewegt haben.

Zeit – (en) tid

Sonntag	_sön_da(g)	söndag
Montag	_mɔn_da(g)	måndag
Dienstag	_tiß_da(g)	tisdag
Mittwoch	_un_ßda(g)	onsdag
Donnerstag	_tu:sch_da(g)	torsdag
Freitag	_freä_da(g)	fredag
Samstag	_lör_dag	lördag
bis Sonntag	til _sön_da(g)	till söndag
gestern	i: gɔr	i går
heute	i:da	idag
heute Abend	i: kwäll	i kväll
morgen	i: mo_ron_	i morgon

Schwedisch

Woche	*weka*	vecka
letzte Woche	*föra wekan*	förra veckan
in einer Woche	*ɔm en weka*	om en vecka
Monat	*mɔnad*	månad
Jahr	*ɔr*	år
Januar	*januɔri*	januari
Februar	*februɔri*	februari
März	*masch*	mars
April	*april*	april
Mai	*maj*	maj
Juni	*juni*	juni
Juli	*juli*	juli
August	*agußti*	augusti
September	*september*	september
Oktober	*oktober*	oktober
November	*nowember*	november
Dezember	*deßember*	december
Anfang Januar	*början af januɔri*	början av januari
Ende Juli	*ßlutet aw juli*	slutet av juli

Thema Lernen

Mitte September	_miten aw september_	**mitten av september**
Frühling	wɔr	(en) vår
Sommer	ßomar	(en) sommar
Herbst	hößt	(en) höst
Winter	winter	(en) **vinter**
den ganzen Sommer	hela somarenn	hela sommaren

Thema Polizei

89. **igår** – *iguːr*	gestern
90. **ett djur** – *ett djuːr*	ein Tier
91. **staden** – *ßtaden*	die Stadt
92. **Gå bort!** – *gɔ bɔr(t)!*	Geh weg!
93. **Polisen** – *poli̱sn*	die Polizei
94. **snabbt** – *ßnabb*	schnell

Gestern war dieses (eine) Tier in der Stadt.

iguːr war dett djuːr i ßtaden.

Igår var det ett djur i staden.

Ich sagte: „Geh weg!"

jɔːg sa, „gɔ bɔr(t)!"

Jag sa, „Gå bort!"

Die Polizei kam schnell.

poli̱sn kom ßnabb.

Polisen kom snabbt.

gestern – *iguːr* – **igår**

LH: Gestern habe ich **I**gor den **I**gel getroffen.

Schwedisch

Geh weg! – *gɔ bor!* – **Gå bort!**

LH: Die Schauspielerin Greta **Gabo** ist in Stockholm geboren. Ein Dieb wollte ihre Handtasche von **Gabo**r stehlen und sie hat ganz laut „Geh weg!" geschrien.

schnell – *ßnabb* – **snabbt**

LH: Der Dieb hat ganz schnell zuge**schnappt**.

Fun Fact

In einem abgelegenen schwedischen Tal wurden bis vor 100 Jahren noch Runen benutzt. Die Sprache dieser Menschen, die sich Älvdalen nennen, wird bis heute von ca. 2500 Menschen gesprochen. Wer sie besuchen möchte, muss eine mehr als 100 km lange Flussreise bewältigen.

Thema Farben

95. **vit** – *wit*	weiß
96. **svart** – *ßwart*	schwarz
97. **blått** – *blɔ*	blau
98. **röd** – *röd*	rot
99. **gul** – *gü:l*	gelb
100. **grön** – *grön*	grün
101. **brunt** – *brun*	braun

ein weißer Stern	*en wit cherna*	en vit stjärna (ch wie in Dach)
ein schwarzer Kaffee	*et ßwart kaffä*	ett svart kaffe
ein blauer Brief	*ett blo brief*	ett blått brev
eine rote Frucht	*en röd frut*	en röd frukt
eine gelbe Sonne	*en gü:l ßu:l*	en gul sol
ein grünes Gemüse	*en grön grönsak*	en grön grönsak
ein braunes Tier	*ett brun dju:r*	ett brunt djur

100 ähnliche Wörter

(an)melden, anzeigen	*anmäla*	anmäla
Abfahrt, Abflug, Abgang, Amtsaufgabe	*a:wgong*	(en) avgång
Abfahrt, Ausfahrt	*ɔ:fa:t*	(en) avfart
absolut	*abßolü*	absolut
abstrakt	*abßtraq*	abstrakt
alle, alles	*alla, a:l*	alla, allt(ing)
allgemein	*allmänn*	allmänt
alt	*ɔld*	old
andere	*a:ndra*	andra
Ankommen, Ankunft	*a:nkommß*	(en) ankomst
Anlitz, Gesicht	*a:nßikte*	(en) ansikte
Apparat, Gerät	*aparɔ*	(en) apparat
arbeiten, ich	*jɔ:g a:beta, jobba*	jag arbetar, jag jobbar
Arm	*arm*	(en) arm
Art	*a:d*	(en) art
Aspirin	*aßpi:ri:n*	(en) aspirin

Schwedisch

Attraktion, Ereignis	*atrakchu:n*	**attraktion**
Ausfahrt	*ekßit*	(en) exit
Ausgang	*ütgɔ*	(en) utgång
Aussicht	*ütsikt*	(en) utsikt
Badezimmer	*ba:dru:m*	(ett) badrum
berühmt/e,r,es	*berü:mt*	berömd/a
Besserwisser	*beßerwißer*	(en) besserwisser
Bild	*bill*	(en) bild
Blatt	*blɔd*	(ett) blad
Blut	*blu:d*	**blud**
Bratwurst	*bratwurßt*	(en) bratwurst
Buch, Buche	*buk*	(en) bok
Campingplatz	*kampingpla:*	(en) campingplats
Diskussion	*diskuschon*	(en) diskussion
Feld	*fäld*	(ett) fält
Finger	*finger*	(ett) finger
Form	*fɔrm*	(en) form
Frage	*frɔga*	(en) fråga
Frau	*fru*	(en) fru

100 ähnliche Wörter

Freiheit	*frihät*	(en) frihet
Frühstückspension	*bia and brekfößt*	(ett) bed and breakfast
Garantie	*garanti:*	(n) garanti
Garderobe	*gadəro:b*	(en) garderob
Gaskocher	*gaßo:lschö:k*	(et) gasolkök
Gast	*jeßt*	(en) gäst
gerne	*jana*	gärna
Geselle	*jaßell*	(en) gesäll
Gold	*gɔld*	(ett) guld
Grotte, Höhle	*grɔtta*	grotta
Hand	*hand*	(en) hand
hart	*ho:d*	hård
Haus	*hü:ß*	(ett) hus
heiß	*hi:a*	het
Hund	*hund*	(en) hund
Husten	*hußta*	hosta (n)
ich kopiere	*jɔ:g kopi:rar*	jag kopierar
Insulin	*inßəli:n*	(ett) insulin
Jacke	*jaka*	(n) jacka

Schwedisch

kopieren	*kopia*	kopia
Land	*land*	(ett) land
Lehrer	*l̲ararə*	(en) lärare
Lehrling	*la:l̲ing*	(en) lärling
Mann	*mann*	(en) man
mild	*mild*	mild
Milieu	*milj̲ö*	(en) miljö
Mittel	*medel*	(ett) medel
Modell	*mod̲ell*	(en) modell
Museum	*müs̲eum*	(ett) museum
Musical	*müß̲ika:l*	(en) musical
Musik	*müß̲ik*	(en) musik
Muskel	*müß̲kəl*	(en) muskel
Müsli	*müß̲li*	(n) müsli
Name	*namm*	(ett) namn
neu	*nüj*	ny
Nordsee	*nɔd̲chö:n*	Nordsjön
offen/öffnen	*öpp̲en*	öppen
Olive	*oli̲w*	(en) oliv
Öl	*olj̲a*	(en) olja

100 ähnliche Wörter

Orangensaft	*apelßinsaf, apelßinju:ß*	(en) apelsinsaft, apelsinjuice
Ostsee	*ößtəchö:n*	Östersjön
Papier	*papper*	(ett) papper
Pastor	*paßtor*	(en) pastor
Penizillin	*pennßi:li:n*	penicillin
Pfand	*pant*	(en) pant
Pfanne	*panna*	(n) panna
Pilot	*pilot*	(en) pilot
Quelle	*tschella*	källa
Rathaus	*rɔthü:ß*	(ett) rådhus
Rente, Pension	*panschon*	(en) pension
Restaurant	*reßtaurang*	(en) restaurang
Salbe	*ßalwa*	(en) salva
Schach	*schag*	(ett) schack
Schnitzel	*schnitzell*	(en) schnitzel
Schock	*schog*	(en) chock
Sherry	*scherri*	(en) sherry
Start	*ßta:d*	start
Strand	*ßtran*	(en) strand

Schwedisch

Theater	*teotär*	(en) teater
Therapie	*tärapi:*	(en) terapi
ungefähr	*unjefa:*	ungefär
Universität	*uniwersität*	(ett) universitet
Vater	*far*	(en) far
Vorname	*förnamm*	(ett) förnamn
warm	*wa:m*	varm
Weg	*wäg*	väg
wild	*wild*	**wild**

Redewendungen

Ich bin Deutsche/r.
jɔ:g är tüß
Jag är tysk.

Wir sehen uns!
wi ßäß
Vi ses!

Kann mir jemand helfen?
ka nɔn jelpa mej?
Kan någon hjälpa mig?

Das verstehe ich nicht.
jɔ:g fößtɔ intə.
Jag förstår inte.

(Das ist) kein Problem.
däringa pru:blem.
Det är inga problem.

Das war mein Fehler.
də wɔ mitt fe:l.
Det var mitt fel.

Schwedisch

Das war ein Missverständnis.
də wɔ ett mißfö:ßtɔnd.
Det var ett missförstånd.

Pardon. Tut mir leid.
fö:lɔ
Förlåt.

Keine Ursache, gern geschehen!
ingen uschɔk!
Ingen orsak!

Bist du oft hier?
kommə dü hit ofta?
Kommer du hit ofta?

Willst du tanzen? Hast du Lust auf tanzen?
ha dü lußt a danßa?
Har du lust att dansa?

Komm, wir gehen!
komm, wi: gɔ!
Kom, vi go!

Danke für den wundervollen Abend! Schlaf (so) gut!
tak fɔ en underbɔgfäll! ßoa ßɔ gott!
Tack för en underbar kväll! Sov så gott!

70

Redewendungen

Hilfe!
jellp!
Hjälp!

Mir ist kalt.
jɔ:g är kall.
Jag är kall.

Wo kann ich kopieren?
wo kan jɔ:g kopi:ra?
Var kan jag kopiera?

Ruf nach einer Ambulanz!
ring äftər ambu<u>lan</u>ßen!
Ring efter ambulansen!

Ich habe Fieber.
jɔ:g hɔ <u>fie</u>wər.
Jag har feber.

Ich möchte Schmerztablette(n) kaufen.
jɔ:g ßkullə <u>will</u>ja <u>schö</u>pa <u>ß</u>märta <u>pill</u>ər.
Jag skulle vilja köpa smärta piller.

Ich will gerne haben... (ich hätte gerne...)
jɔ:g will <u>jär</u>na hɔ...
Jag vill gärna ha...

Schwedisch

Hast du etwas Wasser?
har dü litə watten?
har du lite vatten?

Kein Problem.
inja problem.
Inga problem.

Danke, sehr gerne.
tak, mükə järna.
Tack, mycket gärna.

Das ist in Ordnung (okay).
där okej.
Det är okej.

Ich gehe nicht ins Wasser.
jɔ:g gɔr intə in i wattnet.
Jag går inte in i vattnet.

Ich gehe nie in die Oper.
jɔ:g gɔ aldri till operär.
Jag går aldrig till operaen.

Ja, so ist es.
ja, də är də.
Ja, det är det.

Redewendungen

Nein, so ist es nicht.
nej, də är də <u>int</u>ə.
Nej, det är det inte.

Willst du mit uns kommen?
(Willst du folgen mit uns?)
Will dü foll<u>ja</u> med oß?
Vill du följa med oss?

Auf der Ostsee...
pɔ ößtə<u>chö:</u>n
På Östersjön...

Das schmeckte wirklich gut!
de ß<u>ma</u>kede <u>wai</u>klingen god!
Det smakade verkligen gott!

Ich bin hungrig.
jɔːg är hung<u>ri</u>.
Jag är hungrig.

Bist du satt?
är dü full/mätt?
Är du full/mätt?

Schwedisch

Guten Morgen
gu:d mor<u>on</u>
God morgon

Guten Tag
gu:d dɔg
God dag

Guten Abend
gu:d kwäll
God kväll

Gute Nacht
gu:d na
God natt

Gute Reise!
brɔ ree<u>ßa</u>
Bra resa!

sehr gut
<u>bɔ</u>ra brɔ
bara bra

Mach's gut
hɔ de brɔ
Ha det bra!

Redewendungen

Mir geht es gut.
jɔ:g mɔ brɔ.
Jag mår bra.

Zahlen

0	*noll*	noll
1	*ett*	ett
2	*tfɔr*	två
3	*tre*	tre
4	*fü<u>ra</u>*	fyra
5	*fäm*	fem
6	*ßekß*	sex
7	*chü*	sju (**ch** wie in Dach)
8	*<u>ɔ</u>tta*	åtta
9	*<u>n</u>iu*	nio
10	*<u>t</u>iu*	tio
11	*el<u>wa</u>*	elva
12	*toll*	tolv
13	*tret<u>onn</u>*	tretton
14	*fj<u>utonn</u>*	fjorton
15	*femtonn*	femton
16	*ßikß<u>tonn</u>*	sexton
17	*chut<u>onn</u>*	sjutton

Schwedisch

18	_artonn_	arton
19	_nitonn_	nitton
20	_schü:go_	tjugo
21	_schüett_	tjugo/ett (-en)
22	_schügetfɔr_	tjugotvå
30	_tretti_	trettio
31	_tretiet_	trettiett (-en)
32	_tretitfɔr_	trettiotvå
40	_förti_	fyrtio
41	_förtiet_	fyrtiett
50	_femti_	femtio
60	_ßekßti_	sextio
70	_chuti_	sjuttio
80	_ɔti_	åttio
90	_niti_	nittio
100	_hundra_	hundra
101	_hundra ett_	hundra ett
200	_tfɔrhundra_	tvåhundra
201	_tfɔrhundra ett_	tvåhundraett
300	_trehundra_	trehundra

Zahlen

1000	_tu_ßen	tusen
2000	tfɔr _tu_ßen	två tusen
3000	tre _tu_ßen	tre tusen
1.000.000	en mil_jon_	en miljon
2.000.000	tfɔr mil_jon_	två miljonen

Besonderheiten und Anekdoten

Wo wird Schwedisch gesprochen?

Schwedisch ist die offizielle Landessprache oder Zweitsprache in Schweden (9 Mill.), Finnland (300.000) und den Ålandinseln. Dazu kommen einige Zehntausend Muttersprachler in Dänemark und Norwegen.

Schwedisch gehört wie Deutsch zu den germanischen Sprachen und besitzt viele Lehnwörter aus dem Lateinischen, Englischen oder dem Französischen.

Fun Fact

In Jukkasjärvi, 200 km nördlich des arktischen Polarkreises, entstand im Jahr 1989 das weltweit erste „Icehotel". Seitdem entsteht es jedes Jahr aufs Neue von Dezember bis April.

Gegen Ende November kommen Künstler aus der ganzen Welt, bauen das Hotel nach Entwürfen aus Eisblöcken und beleben es mit ihren Eisskulpturen.

Mit dem Auto in Schweden

Bist du mit dem Auto unterwegs, beachte die Höchstgeschwindigkeiten zwischen innerorts 50 km/h und maximal 120 km/h auf Autobahnen. Unter anderem dadurch ist es den Schweden gelungen, die Anzahl der Verkehrstoten zu halbieren und statistisch weltweit den niedrigsten Wert aufzuweisen.

Die Bußgelder beginnen bei 150€. Es wird außerdem keine Toleranz abgezogen wie in Deutschland und die Bußgeldbescheide werden auch ins Ausland verschickt. Die Polizei kontrolliert regelmäßig und überall, kassiert wird in bar oder mit Karte. Auch bei überhöhter Geschwindigkeit beim Überholen ist nicht mit Verständnis der Polizei zu rechnen.

Alkoholkontrollen sind häufig und reine Routinekontrollen. Die Alkoholgrenze liegt bei 0,2 Promille. Ab 0,3 Promille wird der Führerschein oftmals für 12 Monate entzogen, ab 1 Promille für zwei Jahre.

Wenn du dich strikt an die Verkehrsregeln hältst, ist das Autofahren in Schweden entspannt. Vor Elchen auf der Straße wird mit Verkehrsschildern gewarnt. Hier ist dann auch wirklich langsames Fahren angesagt. In ländlichen Gegenden sind die Straßen teilweise in nicht gutem Zustand.

Zugfahren in Schweden

Es gibt Hochgeschwindigkeitszüge ähnlich unseren ICEs, die von Stockholm aus ins Land führen. Wer in den Norden will, ist mit den Nachtzügen gut bedient.

Gemütlicher ist die Inlandsbahn (schwed. **Inlandsbanan**, von Anfang Juni bis Ende August), die mit ca. 90 km/h von Mora bis über den Polarkreis nach Gällivare fährt. Es geht vorbei an Nationalparks bis in den Norden nach Lappland.

Es gibt einen InterRail Sweden Pass mit dem sich einigermaßen preiswert fahren lässt. Wer noch Finnland und Norwegen bereisen möchte, sollte sich auch die Konditionen des InterRail Global Passes ansehen.

Busfahren in Schweden

Auch mit Bussen lässt sich die Gegend gut erkunden. Die kleinen und großen Städte sind mit Linien- und Fernbussen gut vernetzt.

Essen in Schweden

Ausgehend von einer einfachen, gesunden ländlichen Küche hat sich das kulinarische Angebot weiterentwickelt. Hochwertige Zutaten, insbesondere frische, eingelegte oder geräucherte Meeresfrüchte wie Hering, Krabben, Lachs und Aal sowie Elch und Rentier werden in den zahlreichen Restaurants angeboten. Die Preise für ein 3-Gänge Menü mit Getränk liegen umgerechnet zwischen 40 und 80 €. Bezahlt wird mit Schwedischen Kronen. Oft wird mittags ein günstiges Tagesgericht – **dagens rätt** angeboten.

Klima und Wetter in Schweden

Weil Schweden vom warmen Golfstrom profitiert, gibt es in Süd- und Mittelschweden ein gemäßigtes Klima mit allerdings hohen Niederschlagsmengen das gesamte Jahr über.

In Stockholm liegen die Durchschnittstemperaturen zwischen -1 und 18 Grad und weisen damit relativ geringe Unterschiede zwischen den Jahreszeiten auf.

Im Norden ist es allerdings mit einer durchschnittlichen Jahrestemperatur von unter 0 Grad Celsius deutlich kälter. Oberhalb der Stadt Jokkmokk herrscht den gesamten Winter über fast vollständige Dunkelheit und die Tage im Sommer sind sehr lange hell.

Feste

Valborg, die Walpurgisnacht wird am 30. April gefeiert. Mit vorher von den Kindern gesammelten Altholz wird bei Sonnenuntergang Feuer gemacht und damit der Abschied vom Winter gefeiert.

Der schwedische Nationalfeiertag und gleichzeitig Tag der schwedischen Flagge wird am 6. Juni gefeiert mit Hissen einer Flagge.

Besonderheiten und Anekdoten

Mittsommer, der längste Tag des Jahres wird auf dem Land bei der Verwandtschaft mit viel Tanz, Blumen, regionalen Volkstrachten und gutem Essen gefeiert.

Im August feiert Schweden Kräftskiva, das Krebsfest, mit Schnaps und vielen Flusskrebsen. Die Schonzeit der Krebse ist vorbei und das Ende des Sommers naht.

Schwedens größtes Erntedankfest, das Skördefest, wird auf Öland gefeiert, der Sonneninsel im Norden des Landes. Geboten wird beste heimische Küche auf hohem kulinarischem Niveau.

Das Lucia-Fest wird am 13. Dezember gefeiert, die Wintersonnenwende nach dem alten Julianischen Kalender und der Gedenktag der Heiligen Lucia. Junge Mädchen in weißen Kleidern ziehen mit einer Krone aus Kerzen durch die Straßen und bringen Licht in den langen schwedischen Winter. Ganz Schweden wählt seine lokalen Lucia-Königinnen.

Die Lucia-Feier wird immer beliebter und wird heute auch in den skandinavischen Nachbarländern gefeiert. Bei den Lucia-Prozessionen wird Geld für wohltätige Zwecke gesammelt.

Weihnachten in Schweden dauert vom ersten Advent bis zum 13. Januar, anderthalb Monate, in denen mit viel Begeisterung gefeiert wird. Das Schmücken der Wohnung samt Weihnachtsbaum, das reichhaltige Essen, die Geschenke, der Kirchgang und der obligatorische Donald-Duck-Film an Heilig-Abend sind äußerst beliebt und eine willkommene Abwechslung in der dunklen Jahreszeit.

Urlaub in Schweden

Schweden hat eine ähnliche Größe wie Frankreich oder Spanien, aber nur 10 Millionen Einwohner. Die meisten leben in den großen Städten wie Stockholm, Göteborg und Malmö an den Küsten.

Es gibt 30 Nationalparks mit unberührter Natur, fast menschenleeren Wäldern und unzähligen klaren und sauberen Seen.

Nördlich des Polarkreises z.B. in Kiruna und Abisko hat man im September und März die besten Chancen, die berühmten Nordlichter zu beobachten.

Die Schäreninseln an der Westküste bieten mit den Reisezielen Vrångö oder den Kosterinseln ländliches Ambiente, bestes Essen und schönste Natur zum Wandern.

Besonderheiten und Anekdoten

Im Feriendorf Naturbyn in Värmsland werden Touren angeboten zu den Sehenswürdigkeiten der Umgebung. Es gibt dort weiße Elche, Braunbären, Wölfe, Luchse, Dachse, Rentiere, Seeadler und weitere wilde Tiere in den Wäldern.

Ehemals war Sigtuna die Hauptstadt Schwedens. Heute bietet das beschauliche Städtchen urige alte Holzhäuser und gemütliche Lokale.

Der Götakanal mit seinen 58 Schleusen verbindet Stockholm mit Göteborg und war schon bei seiner Eröffnung 1832 eine Attraktion in Skandinavien. Eine Bootsfahrt ist lohnenswert.

Gotland, eine große schwedische Insel und Provinz in der Ostsee mit vielen unterschiedlichen Sehenswürdigkeiten.

Die größte Stadt Visby bietet u.a. eine gut erhaltene Stadt mit kopfsteingepflasterten Straßen, einer mittelalterlichen Stadtmauer, den Dom zu Visby sowie die mittelalterlichen Kirchenruinen St. Nikolai und St. Karin.

In Nordschweden werden wegen der Schneesicherheit viele internationale Ski-Wettbewerbe ausgetragen. Touren mit Rentier- oder Hundeschlitten gelten ebenfalls als beliebte Attraktion.

Wohnen in Schweden

Schweden ist das Land der Ferienhäuser in besten Lagen in der Natur. Die Eigentümer der Häuser statten diese liebevoll aus und vermieten sie gerne an Touristen, wenn sie selbst nicht dort wohnen. Gut lässt es sich auch in Jugendherbergen und Hostels übernachten.

Medizin

Hol dir von deiner Krankenversicherung eine europäische KV-Karte. Damit wirst du behandelt wie jeder Schwede. Das heißt, du musst 10-30€ Kosten je Behandlung zuzahlen. Zahnarztbehandlungen werden prinzipiell zum größten Teil privat bezahlt. Empfohlen wird ein Auslandskrankenschutz.

In den Apotheken „**Apoteket**" und in Supermärkten bekommst du die wichtigsten Medikamente z.B. gegen Kopfschmerzen oder Übelkeit.

NORWEGISCH
Lernen mal anders

Die 100 wichtigsten Vokabeln
für
Reisende
Abenteurer
Digitale Nomaden
Sprachenbegeisterte

SPRACHEN
Lernen mal anders

Norwegisch Einleitung

Die fünf wichtigsten Wörter

Hallo

Tschüss

Entschuldigung

Wie viel kostet?

Danke

In Norwegen wird zur Begrüßung meist nur „**Hei**", gesprochen „hai" gesagt. „gu: mɔng – **God morgen**", „gu: da:g – **God dag**" oder „gu: natt – **Got natt**" sind förmliche Varianten.

Zum Abschied nimmst du „ha:də – **Ha det**".

Entschuldigung! – únschill – **Unnskyld!**
LH (Lernhilfe): klangähnlich **Unschuld**

„**Unnskyld?**" als Frage bedeutet „Wie bitte?".

Wie viel kostet das? – wa kɔßtə də? – **Hva koster det?**

Danke! – tak – **Takk!**
Tusen takk – Tausend Dank!

Norwegisch

Aussprache und Lautschrift

- Deutsch in Normaldruck,
- die Lautschrift in *kursiv* (wobei die *zu betonende Silbe* unterstrichen wird) und
- das geschriebene Fremdwort in Fettdruck.

Wir bedienen uns einer eigens entwickelten, stark vereinfachten Lautschrift:

ɔ in unserer Lautschrift ist ein offenes o wie in:

Moor – *mɔa* – **moor**

ng in unserer Lautschrift klingt wie:

Gesang – *sɔng* – **sång**

Das umgedrehte ə ist das nach unten abfallende e wie in Matte, Kette…

Norwegisch Einleitung

Ein besonders kurz gesprochener Vokal wird mit nachfolgendem doppelten Konsonant verdeutlicht. Genauso wie im deutschen „Ball – *ball* – **ball**" oder Ballett – *ballett* – **ballett**".

Der Doppelpunkt **:** in der Lautschrift bedeutet, dass der Vokal lang gesprochen wird.

Adjektive habe oft die Endung **-ig** oder **-lig**. Das **-g** ist meist stumm.

Du bist fröhlich. – *du är lüßdi* – **Du er lystig.**

LH: *lustig*

Es gibt drei Sonderzeichen, die im Alphabet angehängt werden:

æ Æ entspricht annähernd dem deutschen **ä Ä**.
ø Ø entspricht dem **ö Ö**.
å Å entspricht dem **o O**.

Übrigens: In Norwegen wird, genauso wie in Schweden, bis auf Mitglieder des Königshauses, jeder geduzt. Es soll deutlich machen, dass jeder den gleichen Respekt verdient.

Norwegisch

Wie funktionieren unsere Lernhilfen?

Vielleicht hast du den Satz „Vorsicht! – *Be: opp!* – **Se opp!**" alleine vom Sehen (visueller Lerntyp) oder Hören (auditiver Lerntyp) im Gedächtnis verankert, vielleicht brauchst du aber auch eine Lernhilfe.

Was zeichnet eine Lernhilfe aus? Sie kann z.B. logisch erklärt sein mittels Herleitung der Stammsilbe, sie kann auf einer ähnlichen Vokabel im Englischen beruhen, sie kann mit der Schlüsselwortmethode arbeiten oder auch einfach nur verrückt und witzig sein.

Im Beispiel „**Se opp!**" bietet sich die Schlüsselwortmethode an. Das Wort ist ähnlich zu „**seh Opa**". Jetzt musst du nur noch „das Sehen eines Opas" mit „Vorsicht" verbinden, und zwar möglichst bildhaft. Sieh, wie ein Opa eine Straße überquert und ein Raser um die Ecke schießt. Du rufst laut: **Se opp!** Alternativ: Sei auf der Hut! „**opp**" bedeutet u.a. „auf".

Wenn du dieses oder ein ähnliches Bild einige Male im Kopf wiederholst, wird dein Gedächtnis die Verbindung zur passenden Bedeutung herstellen. Besonders geeignet sind die Bilder, die du dir selbst ausgedacht hast.

Norwegisch Einleitung

Die folgenden Themen-Kapitel starten jeweils mit einer Vokabelliste mit zwischen 6 und 13 Wörtern. Danach folgen Beispielsätze und Redewendungen, die alle Vokabeln aus der vorherigen Liste enthalten. Hierbei findest du die Lautschrift in der zweiten Zeile in Kursivdruck.

Schwierige Wörter, die nicht klangähnlich zur deutschen Übersetzung sind, werden im Weiteren mit einer Lernhilfe (LH:) ausgestattet. Zusätzlich findest du in den einzelnen Kapiteln spannende Fun Facts und die wichtigste Grammatik.

Los geht's mit dem ersten Thema. Du befindest dich in einer Bar in Oslo und möchtest gerne etwas zu trinken bestellen.

Viel Spaß! – *ha de göi* – **Ha det gøy!**

Thema Bar

1. **baren, en bar** – *baren*	die Bar, eine Bar
2. **jeg har** – *jai har*	ich habe
3. **tørst(en)** – *töscht*	der Durst, durstig
4. **jeg drikker** – *jai drikker*	ich trinke
5. **te** – *te*	der Tee
6. **vannet, et vann** – *wannet*	das Wasser, ein Wasser
7. **eller** – *elər*	oder
8. **kaffen, en kaffe** – *kaffen*	der Kaffee, ein Kaffee
9. **med** – *me:*	mit
10. **sukker** – *ßukkər*	der Zucker
11. **hvor** – *wo*	wo
12. **toaletter** – *tolettə*	die Toiletten

Norwegisch

Ich habe Durst, ich bin durstig.
jai är töscht.
Jeg er tørst.

Trinkst du einen Kaffee, Tee oder Wasser?
drikker du en kaffe, te elər wann?
Drikker du en kaffe, te eller vann?

Ich trinke Kaffee mit Zucker.
jai drikkə kaffe me: ßukkər.
Jeg drikker kaffe med sukker.

Wo finde ich (die) Toiletten?
wo finnə jai tualettəna?
Hvor finner jeg toalettene?

ich habe... gefunden – **jeg har funnet...**
ich fand... – **jeg fant...**

oder – *elər* – **eller**

LH: Habe ich mir die **Elle** oder Speiche gebrochen?

trinken – *drikkə* – **drikke** (Infinitiv)

ich trinke	*jai drikker*	**jeg drikker**
du trinkst	*du drikker*	**du drikker**

Thema Bar

er/sie/es trinkt	*han/hün/den/de <u>drikker</u>*	**han/hun/den/det drikker**
wir trinken	*wi: <u>drikker</u>*	**vi drikker**
ihr trinkt	*<u>de:</u>rə <u>drikker</u>*	**dere drikker**
sie/Sie trinken	*də <u>drikker</u>*	**de/De drikker**

ich habe getrunken – **jeg har drukket...**
ich trank – **jeg drakk...**

Norwegisch

Geschlecht

Es gibt wie im Deutschen drei Geschlechter. Beginnen wir mit dem unbestimmten Artikel:

männlich	en-Wörter	ein Mann	**en mann**
weiblich	ei-Wörter	eine Kirche	**ei kirke**
sächlich	et-Wörter	ein Name	**et navn**

Interessant ist, dass anstelle der weiblichen Form auch einfach die männliche genommen werden kann. „**en kirke**" ist also auch richtig.

Die bestimmten Artikel

der/die	**den**	männlich und weiblich!
das	**det**	sächlich
die	**de**	Plural (alle Geschlechter)

werden nur bei vorangestellten Adjektiven verwendet. Zusätzlich wird die jeweilige Endung „**-en, -a, -et**" an das Substantiv angehängt:

der große Campingplatz	**den store campingplassen**
die kleine Hütte	**den lille hytta**

das gute Hotel	**det gode hotellet**
die reichen Touristen	**de rike turister** (pl.)

Besitzt das Substantiv dagegen kein vorangestelltes Adjektiv, werden die bestimmten Artikel lediglich angehängt:

-**en** für männlich,

-**a** für weiblich und

-**et** für sächlich.

Beispiele:

der Campingplatz	campingplassen
die Kirche	**kirka** (das **e** von **kirke** wird zugunsten der flüssigen Aussprache weggelassen)
das Haus	**huset** (ein Haus – **et hus**)

Häufig haben die norwegischen Wörter das gleiche Geschlecht wie im Deutschen. Grund ist die Entwicklung der skandinavischen Sprachen und der deutschen Sprache aus dem Germanischen.

Norwegisch

Plural

Die Bildung des Plurals ist für alle drei Geschlechter gleich. Die unbestimmte Form endet auf -(e)r.

eine Krone	**en krone**
Ich habe fünf Kronen	**Jeg har fem kroner.**

Die bestimmte Form wird mit Grundform (Stamm) und den Endungen **-ene** oder **-ne** gebildet:

die Sache	**tingen** (Grundform „**ting**")
Die Sachen sind dort.	**Tingene er der.**

LH: engl. *thing* — Sache

Thema Weg

13. **elva** – _älwa_	der Fluss
14. **nær** – _nä:r_	nah
15. **vi går** – _wi: gɔr_	wir gehen
16. **til venstre** – _till wenßtrə_	nach links
17. **og** – _o_	und
18. **rett fram** – _rett framm_	geradeaus
19. **nei, ikke** – _nej, ikkə_	nein, nicht
20. **veien** – _waien_	der Weg, Landstraße
21. **til** – _till_	nach/zur
22. **broen** – _bru:n_	die Brücke
23. **til høyre** – _till hörə_	rechts
24. **her lenge** – _ha:r längə_	hier lang
25. **Kom igjen!** – _komjen!_	Komm schon!

(Der) Fluss ist nah.
älwa är nä:r.
Elva er nær.

Wir gehen nach links und danach geradeaus.
wi: gɔr till wenßtro da:rettər rett framm.
Vi går til venstre og deretter rett fram.

Nein, der Weg zur Brücke führt nach rechts.
nej, waien till bru:n förer till hörə.
Nei, veien til broen fører til høyre.

Hier lang, komm schon!
ha:r lengə, komjen!
Her lenge, kom igjen!

Wir brauchen Zugtickets.
wi: trenjer to:gbilletter.
Vi trenger togbilletter.

LH: Ein Zug macht „**tock, tock, tock**".
„**Billett**" ist in der Schweiz eine Fahrkarte.

ja – *ja* – **ja**

nein – *nai* – **nei**

nicht – *ikkə* – **ikke**

Fluss – *älwa* – **elva**

LH: Die **Elfen** segelten auf Flüssen gen Westen.

(nach) links – *till wenßtrə* – **til venstre**

LH: engl. **till** – bis
Bis du links am **Fenster** bist, hat dich das **Monster** längst erwischt.

bis – *intill* – **(inn)til**

danach – _da:rettər_ – **deretter**

LH: Danach bedankst du dich bei **deinem Retter**.

geradeaus – _rett fram_ – **rett fram**

LH: „**rett**" kommt von „**direkt**" und in anderen Sprachen heißt „direkt" „geradeaus". „**fram**" alleine bedeutet „vorwärts, nach vorne".

(nach) rechts – _till hörə_ – **til høyre**

LH: Rechts neben mir läuft **Till**: „Till, **höre** mir endlich mal zu!"
Alternativ: Der Begriff „**höhere** Gewalt" kommt in unserem **Rechts**system vor und bezeichnet einen Schaden, der von außen kommt und auch mit Sorgfalt nicht abgewendet werden kann. Beispiel: Tsunami

Norwegisch

Verben

Die Verben haben in allen Personen (ich, du, er, sie, es, wir, ihr, sie) und im Singular und Plural die gleiche Form:

sein	*wärə*	være (Infinitiv)
ich bin	*jai är*	jeg er
du bist	*dü är*	du er
er ist	*han är*	han er
sie ist	*hün är*	hun er
es ist	*den/de är*	den/det er
wir sind	*wi: är*	vi er
ihr seid	*dü är*	du er
sie sind	*de är*	de er

Alle Verben im Präsens (Gegenwart) enden mit Ausnahme der Modalverben auf -r:

ich komme aus...	*jai kommer fra:*	jeg kommer fra...
ich bin aus...	*jai är fra:*	jeg er fra...
du lebst, wohnst in...	*dü bori*	du bor i...
er geht nach...	*han gɔr till*	han går til...
sie geht nach...	*hün gɔr till*	hon går til...

106

Thema Weg

wir haben viel...	*wi: har <u>mi</u>jə*	**vi har mye...**
ihr habt wenig...	*dü har litn*	**du har liten...**
sie nehmen alles	*de tar alt*	**de tar alt**

Thema Familie

26. **familie** – *fami:ljə*	die Familie
27. **ja** – *ja*	ja
28. **kvinnen, en kvinne, kone** – *kvinən, ku:nə*	die Frau, eine Frau, Ehefrau
29. **mannen, en mann** – *mann*	der Mann, ein Mann, Ehemann
30. **lite** – *littə*	klein
31. **barnet, et barn** – *ba:rn*	das Kind, ein Kind
32. **huset, et hus** – *ett huß*	das Haus

Hast du Familie?
har dü fami:ljə?
Har du familie?

Ja, Frau/Mann und ein kleines Kind.
ja, mi:n ku:nə/mann o ett littə ba:rn.
Ja, min kone/mann og et lite barn.

Wir leben/wohnen in einem Haus.
wi: bor i ett huß.
Vi bor i et hus.

Norwegisch

Ehefrau – _ku:nə_ – **kone**

LH: Meine Ehefrau trug eine **Krone** bei der Hochzeit.

Frau – _kwinnə_ – **kvinne**

LH: **Queen**

Frau Andersson – _frü:_ – **fru Andersson**

kleines Kind, Kleinkind – _litte ba:rn_ – **lite barn**

LH: engl. **little** – klein
Ein Kind ist uns **geboren**.

leben/wohnen – _bɔ_ – **bo**

LH: Hier geboren als **barn**, hier gelebt, hier verstorben.

ich lebe/wohne – _jai bɔr_ – **jeg bor**
ich wohnte in... – **jeg bodde i...**

Thema Familie

Die Verwandtschaftsbezeichnungen

sind ähnlich und leicht zu lernen. Ebenso die Aussprache, wenn das **ø** als **ö** gesprochen wird.

Vater	**far**
Mutter	**mor**
Großmutter	**bestemor**
Großvater	**bestefar**
Onkel	**onkel**
Tante	**tante**
Cousine	**kusine**
Cousin/Vetter	**vetter**
Neffe	**nevø**
Nichte	**niese**
Schwiegermutter	**svigermor**
Schwiegervater	**svigerfar**
Eltern	**foreldre**
Sohn	**sønn**
Tochter	**datter**
Schwester	**søster**
Bruder	**bror**

Norwegisch

| Geschwister | søsken |

Fun Fact

König Harald von Norwegen hatte geschworen, sein Leben lang ledig zu bleiben (und damit die Thronfolge zu gefährden), wenn er nicht die Liebe seines Lebens heiraten dürfte. Sie hieß Sonja und war Tochter eines Stoffhändlers. Nach ihrer Schneiderlehre (Abschluss in Lausanne) studierte sie in Oslo Französisch, Englisch und Kunstgeschichte. Mit Hilfe der Regierung durften sie dann doch am 29. August 1968 nach neun Jahren heimlicher Beziehung heiraten.

Thema Restaurant

33. **jeg vil** – *jai will*	ich will
34. **vi spiser** – *wi ßpi:ßər*	wir essen
35. **veldig** – *wäldi*	sehr, viel
36. **sulten** – *ßu:lten*	hungrig
37. **Hva er det?** – *wa: är de?*	Was gibt es? wörtl. Was ist das?
38. **restauranten** – *reßtaurɔngen*	das Restaurant
39. **fisken, en fisk** – *fißken*	der Fisch, ein Fisch
40. **saltet, et salt** – *ßalt*	das Salz, ein Salz

Wollen wir essen/speisen gehen?
will wi ßpi:ßə?
Vil vi spise?

Ich habe viel Hunger. Ich bin sehr hungrig.
jai är wäldi ßu:lten.
Jeg er veldig sulten.

Was gibt es in diesem Restaurant?
wa: är de i denn reßtaurɔngen?
Hva er det i denne restauranten?

Norwegisch

Wo gibt es...?
wɔr är de...
Hvor er det...

Es gibt Fisch mit Salz.
där fißk me: salt.
Det er fisk med salt.

der Hunger – *ßu:lten* – **sulten**

LH: Stell dir einen **Sultan** mit viel Hunger vor, umgeben von feinsten Speisen.

Fun Fact
Die Japaner haben das Sushi mit Lachs von den Norwegern übernommen.

Pronomen

mir/mich	*mai*	meg
dir/dich	*dai*	deg
sich	*ßai*	seg
uns	*ɔß*	oss
euch	*<u>de:</u>rə*	dere
sich	*ßai*	seg

Ich mag dich.	Jeg liker deg.
Er bewegt sich.	Han beveger seg.
Wir beeilen uns.	Vi skynder oss.

LH: sich beeilen — <u>schü</u>nə ßai — **skynde seg**
Ich beeile mich mit der Buchung, um die schönen **Seychellen** zu erleben.

Norwegisch

Thema See

41. **jeg sover** – *jai ßowər*	ich schlafe
42. **ved sjøen** – *wə sö:n*	am See
43. **om natten** – *ɔm n<u>att</u>en*	nachts, in der Nacht
44. **litt** – *litte*	ein bisschen, etwas
45. **kalld** – *kallt*	kalt
46. **fjellet, et fjell, fjellene** – *<u>fj</u>ellət*	der Berg, ein Berg, das Gebirge
47. **en stjerne** – *en ßternə*	ein Stern

Nachts ist ein Stern über dem Berg.
om n<u>att</u>en erən ßternə o:vər <u>fj</u>ellə.
Om natten er en stjerne over fjellet.

Norwegisch

Ich schlafe am See (Meer) nachts (bei Nacht).
jai ßowər wə sö:n ɔm na̱tten.
Jeg sover ved sjøen om natten.

Es ist etwas kalt.
där litt kallt.
Det er litt kaldt.

nachts – *ɔm na̱tten* – om natten

„*ɔm* – om" ist eine Präposition und bedeutet „am, ob, von, über".

am Tag – *ɔm da̱gn* – om dagen

Eine weitere Präposition ist „**på** – *pɔ* – auf, an":

auf der Reise	pɔ raißn	på reisen
auf norwegisch	pɔ nɔschk	på norsk
auf deutsch	pɔ tißk	på tysk
denken an	*te̱ngə pɔ*	tenke på
auf der Insel	pɔ e̱ja	på øya

Berg – *fjell* – **(et) fjell**

LH: Jäger gehen in die Berge und kommen mit Fellen wieder.

schlafen – _Bown_ – **søvn**

LH: Auf dem **Sofa** schlafe ich besonders gut.

wir schlafen	wi: _Bɔwə_	**vi sover**
wir schliefen	wi: _Bɔw_	**vi sov**

am See/Meer – _wə sö:n_ – **ved sjøen**

LH: „**Wie schön** ist es am Meer."

mittags – _we: middagsdi:_ – **ved middagstid**

an, bei, um – _we:_ – **ved**

Satzbau

Der Satzbau ist ähnlich dem Deutschen.

Aussagesatz:

Sophie ist hier.
ßofi: är här.
Sophie er her.

Fragesatz:

Ist Lukas ein Student?
är lukaß en ßtu<u>den</u>?
Er Lukas en student?

Groß- und Kleinschreibung

Im Norwegischen werden nur Eigennamen, d.h. Ländernamen (Norge-Norwegen, Tyskland-Deutschland), Personennamen, Firmennamen und Abkürzungen groß geschrieben. Dazu noch der Satzanfang. Alle anderen Worte werden klein geschrieben, auch Wochentage, Monate, Jahreszeiten usw.

Thema Medizin

48. **God dag! Hei!** – *gu:da:g! hai!*	Guten Tag! Hallo!
49. **Unnskyld!** – *ünschill!*	Verzeihung!, Entschuldigung!
50. **legen, en lege** – *legə*	der Arzt, die Ärztin, ein Arzt, eine Ärztin
51. **jeg er** – *jai är*	ich bin
52. **syk** – *ßük*	krank
53. **jeg trenger** – *jai trengər*	ich brauche
54. **hjelp** – *jelp*	die Hilfe
55. **medisinen, en medisin** – *medißi:n*	die Medizin, die Medikamente, eine Medizin

Hallo, entschuldigen Sie, wo ist ein Arzt?
hai, ünschill, wɔ rəren legə?
Hei, unnskyld, hvor er en lege?

Ich bin krank und brauche Hilfe und Medizin.
jai är ßük o trengər jelp o medißi:n.
Jeg er syk og trenger hjelp og medisin.

Norwegisch

Entschuldigung! – *ünschill* – **unnskyld!**
LH: Obwohl ich **unschuldig** bin, entschuldige ich mich.

ein Arzt, eine Ärztin – *legə* – **(en) lege**
LH: Beim Arzt **lege** ich mich auf die **Liege**.

krank – *ßük* – **syk**
LH: Wenn ich **krank** bin, esse ich am liebsten **Süßigkeiten**.

brauchen – *trengə* – **trenge**
LH: Ich brauche unbedingt eine **Trenn**ung.

Ich brauche einen Arzt.
jai trenger en legə.
Jeg trenger en lege.
LH: „**trenjer**" klingt ähnlich „**trainieren**".
→ Ich brauche Training.

Hilfe – *jelp* – **(en) hjelp**
LH: engl. **help**

Ruf einen Arzt! – *Ring legen!* – **Ring legen!**

Wo finde ich die nächste Arztpraxis?
wur finner jai närmeßte le:gekuntu:r?
Hvor finner jeg nærmeste legekontor?

Wo finde ich ein Krankenhaus?
wur finner jai et ßikehüß?
Hvor finner jeg et sykehus?

Ärztliche Versorgung

Bei einem Besuch in einem Ärztehaus wirst du feststellen, dass bei der Voruntersuchung die Krankenschwester dich in eine Kategorie einteilt. „Rote" Patienten werden sofort behandelt, „gelbe" müssen etwas warten, „grüne" müssen noch länger warten.

Zahnarztbehandlungen werden prinzipiell privat bezahlt. Empfohlen wird ein Auslandskrankenschutz. Die ärztliche Versorgung ist in dünn besiedelten Gebieten naturgemäß geringer.

Norwegisch

Thema Supermarkt

56. **supermarkedet** – _ßupermarket_	der Supermarkt
57. **maten** – _ma:ten_	die Nahrung, das Essen
58. **kjøttet** – _schott_	das Fleisch
59. **grønnsakene, en grønnsak** – _grö:nsa:kənə_	das Gemüse, ein Gemüse
60. **frukten, en frukt** – _frükten_	die Frucht, das Obst, ein Obst
61. **brødet, et brød** – _bröded_	das Brot, ein Brot
62. **er dyrt** – _är dü:r_	ist teuer
63. **jeg kjøper** – _jai schöper_	ich kaufe
64. **mer** – _me:r_	mehr

Norwegisch

Im Supermarkt gibt es Essen wie Fleisch, Gemüse, Obst und Brot.

i ßupermarket är de maːt sɔm schott, <u>gröːnsaːkər</u>, frükt o bröː.

I supermarkedet er det mat som kjøtt, grønnsaker, frukt og brød.

Das Fleisch ist teuer, ich kaufe mehr Brot.

schott är düːr, jai <u>schö</u>per meːr bröː.

Kjøttet er dyrt, jeg kjøper mer brød.

Lebensmittel – *maːt* – **mat**

LH: **Mat**erial

wie (Adv.) – *somm* – **som**

LH: „Ein **Som**mer wie dieser..."

Fleisch – <u>*schottet*</u> – **kjøttet**

LH: **Kött**bullars, die Fleischklößchen im schwedischen Möbelhaus

Gemüse – <u>*gröːnsaːkər*</u> – **grønnsaker**

LH: klingt wie **grüne Socke** im Gemüse

teuer – *dü* – **dyrt**

LH: Bei **Dürre** wird alles teuer.

Thema Supermarkt

Beispielsätze

Ich kaufe ein Brot.
jai schöper et brö:.
Jeg kjøper et brød.

Ich möchte (will haben) ein Brot.
jai will ha et brö:.
Jeg vil ha et brød.

Du kaufst Wasser.
du schöper wann.
Du kjøper vann.

Er kauft Steak.
han schöper biff.
Han kjøper biff.

Wir kaufen Salat.
wi: schöper ßalad.
Vi kjøper salat.

Ihr kauft Ketchup.
du schöper ketschup.
Du kjøper ketchup.

Norwegisch

Sie kaufen Kartoffeln.
de schöper pɔteter.
De kjøper poteter.

Fragewörter

was – *wa:*	hva
Was machen wir?	Hva gjør vi?
Was möchtest/willst du haben/trinken/essen/wissen?	Hva vil du ha/drikke/spise/vite?

wer – *wemm*	hvem
Wer ist das?	Hvem er dette?
Wer will mitkommen?	Hvem vil komme?

wann – *nɔr*	når
Wann kommst du?	Når kommer du?
Wann fährst du heim?	Når skal du hjem?

wo – *wɔr*	hvor
Wo wohnst du?	Hvor bor du?
Wo bist du?	Hvor er du?

Thema Supermarkt

warum – *worfor*	**hvorfor**
Warum fragst du?	**Hvorfor spør du?**
Warum nicht?	**Hvorfor ikke?**

Preise in Norwegen

Norwegen und besonders Oslo sind bekannt für seine hohen Preise. Die Löhne der Norweger steigen und somit kostet ein Bier durchaus auch 8 Euro. In den Supermärkten kosten die meisten Produkte doppelt so viel wie bei uns, mit Ausnahme der Sonderangebote.

Norwegisch

Thema Strand

65. **i dag** – _idog_	heute
66. **varm** – _wa:m_	heiß, warm
67. **dagen, en dag** – _dogen_	der Tag, ein Tag
68. **på stranden** – _pɔ: ßtrandn_	am Strand
69. **nok** – _nok_	genug
70. **solen, en sol** – _ßu:len_	die Sonne, eine Sonne
71. **Great!** – _grejt!_	toll, fantastisch

Heute ist ein warmer Tag.
idog är denn wa:m dog.
I dag er det en varm dag.

Ich bin am Strand.
jai är pɔ: ßtrandn.
Jeg er på stranden.

Es gibt genug Sonne. Toll!
där nok ßu:l. grejt!
Det er nok sol. Great!

heute – _idag_ – **i dag**
LH: Im **Tag** lebe ich.

Sonne – ßu:l – **sol**

LH: Vielleicht kennst du die Costa del **Sol** in Andalusien?

Bindewort (Konjunktion)

oder	<u>e</u>lər	eller
aber	men	men
auch	<u>o</u>ßɔ	også
nur	b<u>a:</u>rə	**bare**
also	<u>al</u>tßɔ	**altså**
als (bei Vergleich)	en	enn
dass	at	at
seit	<u>ßi:</u>dən	siden
weil	<u>fo</u>di:	fordi
wenn (Bedingung)	viß	hvis
wenn (zeitlich)	nɔr	**når**

Thema Post

72. **neste** – _näßtə_	nächste(r,s)
73. **postkontoret** – _poßtkon<u>tu</u>ret_	die Post, das Postamt
74. **jeg vil** – _jai will_	ich möchte
75. **stor** – _ßtu:r_	groß
76. **brevet, et brev** – _<u>bre</u>:wett_	der Brief, ein Brief
77. **vær så snill** – _wa:r ßɔ snill_	bitte
78. **når** – _nɔr_	wann, wenn, als
79. **er treg** – _är treg_	langsam
80. **pengene** – _<u>pengə</u>nə_	das Geld

Wo ist das nächste Postamt?
wɔr är näßtə (närmeßtə) poßtkontu:r?
Hvor er neste (nærmeste) postkontor?

Ich will diesen Brief senden, bitte.
jai will ßende dettə bre:w, wa:r ßɔ snill.
Jeg vil sende dette brev, vær så snill.

Wann kommt er an.
nɔr kommer han.
Når kommer han.

Die Post ist langsam.
postkontu:ret är treg.
Postkontoret er treg.

Hier ist das Geld.
her är pengenə.
Her er pengene.

Das ist ein großes Ding.
de ren ßtu:r ting.
Det er en stor ting.

langsam – *treg* – **treg**
LH: *träge*

Geld – _pengenə_ – **pengene**

LH: Der **Pen**ny-Markt verkauft gute **Gene** für viel Geld.

groß – _stu:r_ – **stor**

LH: ein großer **Store**

Wörter mit Endung -ion

Es gibt im Deutschen sehr viele Wörter mit der Endung „-tion" oder „-ion". Nimm den Wortstamm und ersetz das „-ion" durch ein *„schu:n –* **sjon**". Die Chancen sind gut, dass die Übersetzung passt. Es übt dich und macht Spaß, wenn du selbst versuchst, die richtige Übersetzung zu finden:

abstraksjon

administrasjon (Verwaltung)

aggresjon

amputasjon

animasjon

argumentasjon

assosiasjon (Verein)

attraksjon (Anziehung)

definisjon

degenerasjon

dekorasjon

delegasjon

demonstrasjon

depresjon

dimensjon

diskusjon

dokumentasjon

emisjon

emosjon

ekspedisjon

eksplosjon

funksjon

fusjon

infeksjon

informasjon

innovasjon

kombinasjon

kommunikasjon

konstruksjon

konvensjon

lotion

leksjon

menstruasjon

operasjon (Chirurgie)

organisasjon

presentasjon (Vorstellung)

prosesjon

porsjon

reaksjon

resepsjon

region

situasjon

stasjon

tradisjon

transfusjon

versjon

Thema Lernen

81. **jeg lærer** – *jai lärer*	ich lerne
82. **jeg kan** – *jai kann*	ich kann
83. **jeg sier** – *jai ßiə*	ich sage
84. **ordene, ord** – *urdennə, u:r*	die Wörter, ein Wort
85. **ting** – *ting*	die Sache, das Ding
86. **hvorfor** – *wɔrfɔr*	warum
87. **hvem** – *wemm*	wer
88. **god, bra** – *gu:, bra:*	gut

Ich lerne norwegisch.
jai lärer noschk.
Jeg lærer norsk.

Norwegisch

Ich kann sagen die Wörter „Ding, warum und wer".
jai kann ßi <u>ur</u>dennə „ting, w<u>ɔr</u>fɔr o wemm".
Jeg kan si ordene „ting, hvorfor og hvem".

Welche Schule hast du besucht?
wilken ß<u>ku:</u>lə beß<u>ölk</u>tə dü?
Hvilken skole besøkte du?

Ich studiere an der Uni München.
jai ßtuderer we:(d) uniwaschit<u>ä</u>tet i München.
Jeg studerer ved Universitetet i München.

Eine gute Klasse.
en gu: <u>kla</u>ßə.
En god klasse.

Wort – *u:r* – **(et) ord**

LH: In manchen **Ord**en sind Worte verboten.

Thema Lernen

Zeit – (en) tid

Sonntag	_sönda_	**søndag**
Montag	_manda_	**mandag**
Dienstag	_ti:schda_	**tirsdag**
Mittwoch	_unßda_	**onsdag**
Donnerstag	_tu:schda_	**torsdag**
Freitag	_freda_	**fredag**
Samstag	_lö:rda_	**lørdag**
bis Sonntag	_till ßönda_	**til søndag**
gestern	_i: go:r_	**i går**
heute	_i: da_	**i dag**
heute Abend	_i: kwell_	**i kveld**
morgen	_i: moin_	**i morgen**

Woche	_ükə_	(en) uke
letzte, vorige Woche	_forrijükə_	forrige uke
in einer Woche	_pɔ en ükə_	på en uke
Monat	_mɔnd_	(en) måned
Jahr	_ɔr_	(et) år
Januar	_januar_	januar
Februar	_februar_	februar
März	_ma:sch_	mars
April	_april_	april
Mai	_mai_	mai
Juni	_jüni_	juni
Juli	_jüli_	juli
August	_augüßt_	august
September	_september_	september
Oktober	_oktober_	oktober
November	_nowember_	november
Dezember	_deßember_	desember
Mitte Januar	_miten aw januar_	midten av januar
Frühling	_wɔr_	(en) vår

Sommer	_ßomar_	(en) sommer
Herbst	_hößt_	(en) høst
Winter	_winter_	(en) vinter
den ganzen Sommer	_helə somerenn_	hele sommeren

Fun Fact

Norwegen besitzt zwei offizielle Landessprachen. Sie heißen Bokmål und Nynorsk (Neunorwegisch). Beide Sprachen werden in der Schule unterrichtet und auch in der öffentlichen Verwaltung und im Fernsehen gesprochen. Bokmål hat eine über 600-jährige schriftsprachliche Tradition, Nynorsk ist eine Kunstsprache. Sie wurde von Ivar Aasen, einem Linguisten, Mitte des 19. Jahrhunderts erfunden. Unsere Wörter gehören zu Bokmål. Ca. 90% der Bevölkerung benutzen es als Schriftsprache.

Thema Polizei

89. **i går kveld** – *i: go:r kwell*	gestern Abend
90. **dette dyret** – *dettə dü:rə*	dieses Tier
91. **byen, en by** – *bien*	die Stadt, eine Stadt
92. **Gå bort!** – *gɔ but!*	Geh weg!
93. **politiet** – *politiə*	die Polizei
94. **raskt** – *raßkt*	schnell

Gestern war dieses Tier in der Stadt.
i: go:r war dettə dü:r i bien.
I går var dette dyret i byen.

Ich sagte: „Geh weg!"
jai ßa:, „gɔ but!"
Jeg sa, „gå bort!"

Die Polizei kam rasch (schnell).
politiə komm raßkt.
Politiet kom raskt.

gestern – *i: go:r* – **i går**
LH: Gestern habe ich **I**gor den **I**gel getroffen.

Norwegisch

Tier – *dü:r* – **dyret**
LH: **dürres** Tier

Stadt – *bien* – **byen**
LH: **Bienen** in der Stadt

Geh weg! – *gɔ but!* – **gå bort!**
LH: klangähnlich **kaputt**
„Geh weg, sonst machst du etwas **kaputt**."

Fun Fact
1999 hat Norwegen einem US-Amerikaner (Straftäter) Asyl gewährt. Der norwegische Gerichtshof hatte entschieden, dass die Gefängnisse in den USA nicht den menschlichen Mindeststandard erfüllen.

Modalverben

Den Modalverben „dürfen, können, mögen, müssen, sollen und wollen" folgt ein Vollverb im Infinitiv → ich darf lernen.

können	kunne (Infinitiv)
ich kann	jeg kan (Präsens)
ich konnte	kunne (Präteritum)
ich habe gekonnt	jeg har kunnet (Perfekt)

sollen	skulle
du sollst	du skall
du solltest	du skulle
du hast gesollt	du har skullet

wollen	ville
er will	han vil
er wollte	han ville
er hat gewollt	han har villet

sollten	burde
wir sollten	vi bør (Präsens)

Norwegisch

wir sollten	**vi burde** (Präteritum)
müssen	**måtte**
sie müssen	**de må**
sie mussten	**de måtte**
sie haben gemusst	**de har måttet**

Kann/darf ich reinkommen?
kann jai <u>komm</u>ə inn?
Kan jeg komme inn?

Kann ich für dich zahlen?
kann jai bet<u>ßa:</u>lə for dai?
Kan jeg betale for deg?

Möchtest/willst du joggen gehen?
will dü gɔ o <u>jogg</u>ə?
Vil du gå og jogge?

Musst du heimgehen?
<u>moß</u>te dü gɔ hem?
Måste du gå hem?

Thema Polizei

Sollen wir ins Konzert gehen?
ßka wi gɔ till konßärten?
Skal vi gå til konserten?

Willst du (haben) einen Kaffee?
will dü hɔ en kaffe?
Vil du ha en kaffe?

Fun Fact
Fast 99% von Norwegens Elektrizität wird in Wasserwerken erzeugt.

Thema Farben

95. **hvit** – *wi:t*	weiß
96. **svart** – *ßwɔt*	schwarz
97. **blått** – *blɔtt*	blau
98. **rød** – *rö*	rot
99. **gul** – *gü:l*	gelb
100. **grønn** – *grön*	grün
101. **brunt** – *brün*	braun

ein weißer Stern	*en wi:t ßtärnə*	**en hvit stjerne**
ein schwarzer Kaffee	*en ßwɔt kaffə*	**en svart kaffe**
ein blauer Brief	*ett blɔtt bre:v*	**et blått brev**
ein rotes Obst	*en rö frükt*	**en rød frukt**
eine gelbe Sonne	*en gü:l ßu:l*	**en gul sol**
ein grünes Gemüse	*en grön grönßakk*	**en grønn grønnsak**
ein braunes Tier	*ett brün dia*	**et brunt dyr**

100 ähnliche Wörter

(an)melden, anzeigen	_an_melə	anmelde
Abfahrt, Abflug, Abgang	a:wganger	(en) avganger
absolut	abßo_lütt_	absolutt
alle, alles	alt, _al_lə	alt, alle
Allergie	aller_gi:_	allergi
allgemein, generell	chene_relt_	generelt
also	_alt_sɔ	altså
alt, gammelig	_ga_məl	gammel
andere	_an_drə	andre
Ankommen, Ankunft	_an_kɔmst	(en) ankomst
ankommen	_an_komə	ankomme
Apparat, Gerät	appa_rat_	(et) apparat
arbeiten, ich	jai _job_ber	jeg jobber
Arm	arm	(en) arm
arrogant	aro_gant_	arrogant
Aspirin	aßpi:_ri:_n	(en) aspirin

Norwegisch

Asthma	_aß_tma	(en) astma
Attraktion, Ereignis	atrak_scho:n_	(en) attraksjon
Ausfahrt	_ek_ßit	(en) exit
Ausgang	_üt_gang	(en) utgang
Aussicht	_üt_ßikt	(en) utsikt
Badezimmer	_ba:_derum	(et) baderom
Bar	ba:r	(en) bar
berühmt/e,r,es	_berö:_mt	berømt
Bild	_bild_ə	(et) bilde
Blatt	bla:	(ett) blad
Blut	blu:	blod
Bratwurst	_brat_wurßt	(en) bratwurst
Buch	bu:k	(en) bok
Buche	bö:k	(en) bøk
Campingplatz	_käm_pingplaß	(en) campingplass
Ding, Sache, Gegenstand	ting	(en) ting
erfahren	är_fa:_rə	erfahre
Fehler	fail	(en) feil

100 ähnliche Wörter

Feld	fält	(et) felt, (en) mark (auch Wurm)
Finger	_fin_ger	(en) finger
Flut	flomm	(en) flom
Formular, Form	fɔrm	(en) form
Frau (Anrede vor Namen)	frü	fru
Freiheit	fri_hät_	(en) frihet
Frühstück	_fru:_kɔst	(en) frokost
gefährlich	_fa:_li	farlig
gern	_jä:_nə	gjerne
Gesicht, Angesicht	_an_ßikt	(en) ansikt
Gold	güll	(et) gull
Hand	hand	(en) hånd
Haus	hü:ß	(et) hus
heiß	hot, warm	hot, varm
Hund	hünn	(en) hund
Husten	_huß_tə	hoste (n)
ich kopiere	jai ko_pi:_rer	jeg kopierer

Norwegisch

Insulin	*inßuli:n*	(en) insulin
Kopie	*kupi:*	(en) kopi
lächerlich	*latərli*	latterlig
Land	*lan*	(et) land
Lehrer	*larə*	(en) lærer
Lehrling	*la:rling*	(en) lærling
Mann	*mann*	(en) mann
mild	*mil*	mild
Milieu	*miljö*	(et) miljø
Mittel	*middel*	(et) middel
Modell	*modell*	(en) modell
Motor	*mu:tur*	motor
Museum	*müßeum*	(et) museum
Mutter	*mu:r*	mor
Name	*nawn*	(et) navn
neu	*ni:*	ny
Norden	*nurdən*	Norden
Nordsee	*nɔdchö*	Nordsjø
offen	*opən*	åpen
öffentlich	*ofentli*	offentlig

100 ähnliche Wörter

öffnen	_opnə_	åpne
Olivenöl	_uli:vənɔljə_	olivenolje
Oliven	_uli:vən_	(en) oliven
Öl	_ɔljə_	(en) olje
Orangensaft	_apelßinjü:ß_	(en) appelsinjuice
Ostsee	_ößtəchö:n_	Østersjøen
Papier	_papi:r_	(et) papir
Pastor, Pfarrer	_paßtor_	(en) pastor
Penizillin	_pennßi:li:n_	penicillin
Pilot	_pilot_	(en) pilot
praktisch	_praktißk_	praktisk
Premiere	_premjäre_	premiere
Priester	_preßt_	prest
Quark	_kwark_	kvark
Rathaus	_rɔthü:ß_	(et) rådhus
Rente, Pension	_banschu:n_	(en) pensjon
Restaurant	_reßtaurang_	(en) restaurant
saftig	_ßafti_	saftig
Salbe	_ßalwə_	(en) salve

Norwegisch

Schach	*schakk*	(et) sjakk
Schnitzel	*schnitßell*	(en) schnitzel
Schock	*schokk*	(et) sjokk
Sherry	*sche̱rri*	(en) sherry
Solist	*ßoli̱ßt*	solist
Strand	*ßtrand*	(en) strand
Termin, Stunde	*ti:mə*	(en) time
Theater	*tea̱tər*	(et) teater
Thymian	*ti̱mian*	timian
Tipp	*tipps*	(et) tips
Größe, Umfang	*ɔmfang*	(et) omfang
Universität	*üniwäschi̱te:t*	(et) universitet
Vater	*fa:r*	(en) far
Vorname	*fo̱rnamm*	(et) et fornavn
weggehen	*go:we̱k*	gå vekk
wild	*wil*	vill

Redewendungen

Ja, bitte – **Ja, takk.**

Nein, danke – **Nei, takk.**

Vielen Dank für deine Hilfe!
tußen takk for jelpen din!
Tusen takk for hjelpen din!

Gute Reise.
gu:d tür.
God tur.

Sprichst du englisch?
ßnakker dü engelßk?
Snakker du engelsk?

Du bist lustig, fröhlich.
du är lüßdi
Du er lystig.

Ich bin Deutsche/r und komme aus München.
jai är tüßk o kommer fra München.
Jeg er tysk og kommer fra München.

Sprich bitte etwas langsamer.
kann dü ßnakke litt langsommerə?
Kan du snakke litt langsommere?

Kannst du das aufschreiben?
kann dü ßkriwə de opp?
Kan du skrive det opp?

Was ist das?
wa: är də?
Hva er det?

Ich reise morgen ab.
jai raißer i moin.
Jeg reiser i morgen.

Es war viel Volk auf der Feier.
de war mange folk pɔ feßten.
Det var mange folk på festen.

Kann mir jemand helfen?
kann nuːən jelpə mai?
Kan noen hjelpe meg?

Das verstehe ich nicht.
de forßtɔ jai ikkə.
Det forstår jeg ikke.

Redewendungen

Das ist kein Problem.
də är ikkə nua pru:blem.
Det er ikke noe problem.

Das war mein Fehler.
də war minn fail.
Det var min feil.

Das war ein Missverständnis.
də war en mißfö:ßtɔlßə.
Det var en misforståelse.

Pardon!
bänodning!
Benådning!

Keine Ursache, gern geschehen!
dü är wellkommen!
Du er velkommen!

Bist du oft hier?
kommər dü oftə hit?
Kommer du ofte hit?

Willst du tanzen?
will dü danßə?
Vil du danse?

Norwegisch

Lass uns gehen!
la: oß gɔ!
La oss gå!

Danke für den wundervollen Abend! Schlaf gut!
takk fɔ denn fanta̱ßtißkə kweldn! ßɔv gott!
Takk for den fantastiske kvelden! Sov godt!

Rühr mich nicht an!
i̱kkə rör mai!
Ikke rør meg!

Hilfe!
jelp!
Hjelp!

Mir ist kalt.
ja är kald.
Jeg er kald.

Wo kann ich kopieren?
wor kann jai kopi̱:rə?
Hvor kan jeg kopiere?

Ruf nach einer Ambulanz!
ring for en ambula̱nßə!
Ring for en ambulanse!

Ich habe Fieber.
jai har fewər.
Jeg har feber.

Ich möchte kaufen schmerzstillende Mittel.
jai will schöpə ßmärtə ßtillendə middlə.
Jeg vil kjøpe smertestillende midler.

Ich will gerne...
jai will järnə...
Jeg vil gjerne...

Hast du etwas Wasser?
har dü no:ə wann?
Har du noe vann?

Das ist okay.
där grejt.
Det er greit.

Ich gehe nicht ins Wasser.
Jai gɔr ikkə in i wannə.
Jeg går ikke inn i vannet.

Ich gehe nie in die Oper.
Jai gɔr aldri till operann.
Jeg går aldri til operaen.

Norwegisch

Willst du mit uns kommen?
Will dü komma meoß?
Vil du komme med oss?

Auf der Ostsee...
pɔ ößtəchö:n...
På Østersjøen...

Das schmeckte wirklich gut!
də ßmaktə welldi bra!
Det smakte veldig bra!

Ich habe Hunger.
Jai är ßulten.
Jeg er sulten.

Guten Morgen
gu: moin
God morgen

Guten Tag
gu: da:g
God dag

Guten Abend
gu: kwäll
God kveld

Redewendungen

Gute Nacht
gu: natt
God natt

Gute Reise!
gu: raiße
God reise!

sehr gut
welldi bra:
veldig bra

Mir geht es gut.
jai har də bra.
Jeg har det bra.

Zahlen

0	*nöll*	null
1	*e:n/ett*	en/ett
2	*tu:*	to
3	*tre:*	tre
4	*fi:rə*	fire
5	*fem*	fem
6	*ßekß*	seks
7	*schü*	sju
8	*ɔttə*	åtte
9	*ni:*	ni
10	*ti:*	ti
11	*elvə*	elleve
12	*tɔl*	tolv
13	*tretən*	tretten
14	*fjutən*	fjorten
15	*femtən*	femten
16	*ßejßtən*	seksten
17	*ßötən*	sytten
18	*atən*	atten

Norwegisch

19	_nitən_	nitten
20	_schü:ə_	tjue
21	_schü:än_	tjueen
22	_schü:ətu_	tjueto
30	_tretti_	tretti
31	_tretien_	trettien
32	_tretitu:_	trettito
40	_förti_	førti
41	_förtien_	førtien
50	_femti_	femti
60	_ßekßti_	seksti
70	_ßöti_	sytti
80	_ɔti_	åtti
90	_nitti_	nitti
100	_höndrə_	hundre
101	_höndrə ɔən_	hundreogen
200	_tu:höndrə_	tohundre
201	_tu:höndrə ɔən_	tohundreogen
300	_trehöndrə_	trehundre
1000	_tü:ßən_	tusen

Zahlen

2000	*tu:tü:ßən*	**totusen**
1.000.000	*e:n miliu:n*	**en million**

Besonderheiten und Anekdoten

Norwegen-Basics

Norwegen gehört zu den flächengrößten Ländern Europas, hat aber nur 5,3 Millionen Einwohner. Ein Drittel der Bevölkerung wohnt im Süden des Landes im Großraum Oslo, der Hauptstadt. Weitere norwegische Großstädte sind Bergen, Trondheim und Stavanger.

Die Staatsform ist eine konstitutionelle Monarchie mit starkem Parlament. Norwegen ist kein Mitglied der EU, aber gehört u.a. der NATO, OECD, EFTA und den Vereinten Nationen an. Das Land verfügt über eines der besten Sozialsysteme weltweit.

Mentalität der Norweger

Beachtenswert ist die Gleichstellung von Mann und Frau, sowohl privat, beruflich und politisch. Es gibt gesetzliche Frauenquoten, auch für Aufsichtsräte von Aktiengesellschaften. Erst als mit Sanktionen gedroht wurde, haben die Firmen die Frauenquote erfüllt. Während einer freiwilligen Übergangsphase hatte sich nichts verändert.

1993 hat Norwegen als erstes Land den Vaterschaftsurlaub ermöglicht. Die meisten norwegischen Frauen gehen arbeiten und können den Beruf mit Kindern vereinbaren. Es ist üblich und selbstverständlich, dass Männer sich genauso um die Kinder kümmern und ein Meeting pünktlich verlassen, um das Kind vom Kindergarten abzuholen.

Mit dem Auto in Norwegen

Bist du mit dem Auto oder dem Wohnmobil unterwegs, beachte die Verkehrsvorschriften (Tagfahrlicht, Höchstgeschwindigkeit, Promillegrenze 0,2...). Auch die Zollvorschriften sind streng. Mach dich vorher schlau. Bei Verstößen ist nicht mit Verständnis der Polizei zu rechnen. Die Strafen sind ebenso wie die Benzinpreise hoch.

Viele Straßen, auch das Stadtgebiet Oslo sind mautpflichtig. Lass auf den kurvigen Bergstraßen unbedingt die Norweger überholen, indem du bei nächster Gelegenheit rechts ranfährst. Sie haben mehr Erfahrung und können darum auch schneller fahren.

Häufig sind sowohl im Winter als auch im Sommer Straßen gesperrt. Grund sind Schneefall und Straßenreparaturen. Du kannst dich vorher im Internet schlau machen.

Besorge dir für die Maut den Autobahn-Chip. Die Maut wird überwiegend elektronisch abgebucht, Pfand sind 200 Kronen. Die Mautstraßen zu umfahren macht wenig Sinn, die großen Umwege kosten zu viel Benzin. Nutze auf dem Land jede Gelegenheit zum Tanken, die Wege zur nächsten

Tankstelle – **bensinstasjon** sind weit. Mit der 112 kannst du die Polizei kontaktieren.

In der Dämmerung überqueren häufig Wildtiere die Fahrbahnen, also Vorsicht. In den Wäldern Norwegens leben Elche, Wölfe, Luchse, Braunbären und Rotwild. Auf Hochebenen findet man sogar Moschusochsen. Im Norden leben Rentiere, Lemminge, Polarfüchse. Auf den Inseln von Spitzbergen sind Eisbären heimisch.

Öffentliches Verkehrsnetz

Das Verkehrssystem mit Flugzeug, Bahn, Fähre, Bus, U-Bahn u.a. ist gut ausgebaut. Die Fahrkarten sind günstiger, wenn sie im Voraus gekauft werden. Die Strafen für Schwarzfahren sind hoch.

Klima und Wetter in Norwegen

Norwegen ist ein Land mit vielen unterschiedlichen Landschaften und Wettersituationen. Mit der Stadt Bergen hat das Land eine der regenreichsten Orte Europas zu bieten. Der normale Norweger ist begeisterter Naturliebhaber und erkundet seine Gletscher, Fjorde, Wälder, Strände, Berge und Inseln in seiner Freizeit.

Der Wetterbericht wird vor einem Ausflug sehr ernst genommen. Schon in der Schule lernt jeder die Berg-Regeln, die **fjellvettreglene**:

- Mach erst dann längere Wanderungen, wenn du körperlich fit bist.
- Sag immer Bescheid, wohin du gehst.
- Zeig Achtung vor dem Wetter und beachte die Vorhersagen.
- Achte auf die passende Ausrüstung, auch bei kurzen Wanderungen.
- Hör auf erfahrene Bergsteiger.
- Benutze Karte und Kompass.
- Geh nicht allein.
- Begebe dich rechtzeitig auf den Rückweg.
- Spar Kraft und sichere dich, wenn nötig in eine Schneehöhle.

Jedermannsrecht – Allemannsretten

Jeder darf die Natur unmotorisiert durchqueren mit folgenden Einschränkungen. Es wird unterschieden zwischen „offenem Land" und „eingezäuntem Land". Offenes Land sind die Küsten, Wälder und Berge. Eingezäuntes Land muss keinen Zaun vorweisen, sondern es genügt, dass es erkennbar bebautes Land ist, also Gärten, Felder, Plantagen etc.

Du darfst im offenen Land zelten, Beeren und Pilze sammeln, in Seen baden und auf dem Wasser ohne Motor fahren. Du musst 150 m Abstand zum nächsten Anwohner einhalten. Ab dem dritten Tag Campen brauchst du die Erlaubnis des Grundstückseigentümers außer du befindest dich in abgelegenen Gebieten. In Waldgebieten ist offenes Feuer vom 15. April bis 15. September untersagt. In Salzwasser darf ohne Genehmigung geangelt werden. Für Süßwasser gibt es eine Genehmigung in Touristenbüros, Kioske oder Sportgeschäfte.

Wohnmobile

Für Wohnmobile gibt es Campingplätze und Stellplätze. Auf Parkplätzen darf nicht übernachtet werden. Allerdings nutzen viele Womo-Besitzer das Jedermannsrecht auch für sich und parken in der freien Natur. Für die Benutzung mancher privater Gebirgsstraßen müssen etwa 2,50 € gezahlt werden. Nimm Kleingeld mit, es wird im Umschlag in kleine Kästen am Straßenrand geworfen.

Nationalparks

Es gibt 36 Nationalparks in Norwegen. Beliebt ist der leicht erreichbare Dovrefjell-Nationalpark in Süd-Norwegen. Hier gibt es Moschusochsen und Rentiere zu bewundern. Der botanische Garten beherbergt über 400 verschiedene Pflanzen.

Feste in Norwegen

Wie in Deutschland werden Weihnachten, Neujahr, Ostern und Pfingsten in Norwegen gefeiert und sind auch staatliche Feiertage.

Zusätzlich gibt es Ende Januar das Nordlichtfestival in Tromsø. Es ist ein großes Volksfest mit skandinavischen Musikern.

Am 17. Mai wird der norwegische Nationalfeiertag mit Umzügen und Feuerwerk im ganzen Land gefeiert.

Das Mittsommerfest am 24. Juni wird mit Lagerfeuern und Fackelumzügen begangen.

Ebenfalls im Juni findet auf der Insel Karmøy das mehrtägige Wikingerfestival statt. Hier wird der Geschichte der Wikinger gedacht.

Weiter geht es im Juli mit dem St.Olav-Festival in Trondheim. Dieses Festival ist dem Schutzheiligen Olav II. Haraldsson gewidmet.

Das Ultima-Festival im September in Oslo ist ein bekanntes Festival für zeitgenössische Musik.

Schulsystem in Norwegen

Die norwegische Gesellschaft legt großen Wert auf Gleichberechtigung. Das zeigt sich auch im Schulsystem, jeder soll eine gute Ausbildung erhalten können. Alle Kinder besuchen bis zur 10. Klasse gemeinsam die Schule. Erst ab der 8. Klasse gibt es Noten. Danach gibt es die Möglichkeit zum Besuch einer weiterführenden Schule. Hier können die Schüler je nach Interesse bestimmte Schwerpunktbereiche wählen und alternativ auch eine Ausbildung absolvieren.

Medizinische Versorgung

Besorge dir die Europäische Krankenversicherungskarte, zusätzlich ist eine Auslandskrankenversicherung nützlich. Bei Erkrankung geh zuerst zu einem Allgemeinmediziner (**legevakt**) oder in die Notfallstation der Gemeinde. Für Fachärzte brauchst du eine Überweisung, sonst werden die Kosten von deiner Krankenkasse nicht übernommen. Pro Konsultation und Medikament ist ein Eigenanteil zu tragen.

Interessant ist, dass in Deutschland in rund 30% der möglichen Indikationen Antibiotika verschrieben werden. In den skandinavischen Ländern sind es unter 7%. Die Anzahl der Arztbesuche ist in Deutschland inzwischen auf 10 pro Jahr/Patient gestiegen. In Skandinavien liegen die Konsultationen deutlich unter 5 im Jahr.

In Notfällen ruf die 113, die Notfallnummer für den Einsatz von Ambulanzen und Rettungshubschraubern.

Währung

Norwegen hat die Krone, unterteilt in 100 Øre. Praktisch sind seit 2012 keine Øre mehr im Umlauf. Alle Beträge werden auf- oder abgerundet. Die Münzen gibt es in Beträgen von 1, 5, 10 und 20 Kronen. Die Banknoten werden in Scheinen zu 50, 100, 200, 500 und 1000 norwegischen Kronen ausgegeben. Selten wird in bar gezahlt.

Nimm deine Kreditkarte (VISA, Mastercard...) mit und zeig auf Wunsch deinen Ausweis. Mit der EC-Karte kannst du nicht bezahlen, aber immerhin Bargeld abheben. Die Kosten pro Abhebung erfrage vorher bei deiner Bank oder deinem Kreditkartenanbieter.

Die Mehrwertsteuer beträgt 25%. Es gibt Möglichkeiten der Rückerstattung. Wenn du den Mehrwertsteuer-Erstattungsservice der Geschäfte nutzt, wird dir die Mehrwertsteuer bei der Ausreise aus Norwegen in bar erstattet. Die Erstattungspoints (Tax Refund) gibt es z.B. an Flughäfen, Grenzübergängen oder auf Fähr- und Kreuzfahrtschiffen. Der Mindestverkaufspreis (der zur Erstattung der Mehrwertsteuer berechtigt) pro Laden beträgt NOK 315 für normale Waren und NOK 290 für Lebensmittel.

Trolle

Was im Schwarzwald die Kuckucksuhren oder an der Nordsee die Segelschiffe in der Flasche sind, sind in Norwegen die Trolle. Gruselig aussehende Fabelwesen, die nach nordischer Mythologie als Riesen oder Zwerge in den Bergen leben und den Menschen gefährlich werden können.

Wichtel – **nisse** leben eher auf Höfen, schützen das Grundstück und die Tiere. Am beliebtesten sind die **julenisser** – die Weihnachtswichtel. Sie besitzen Werkstätten, bekannt aus Filmen, und stellen dort Spielsachen für Kinder her.

Fun Fact

IKEA benennt seine Sofas, Couchtische, Bücherregale und Medienschränke und Türgriffe nach schwedischen Orten. Betten, Kleiderschränke und Flurmöbel nach norwegischen Orten und Teppiche, Esszimmermöbel nach Orten in Dänemark.

Norwegisch

Norwegen besitzt die größte Anzahl olympischer Medaillen der Winterspiele weltweit.

DÄNISCH
Lernen mal anders

Die 100 wichtigsten Vokabeln
für
Reisende
Abenteurer
Digitale Nomaden
Sprachenbegeisterte

SPRACHEN
Lernen mal anders

Dänisch Einleitung

Die fünf wichtigsten Wörter

Hallo

Tschüss

Entschuldigung

Wie viel kostet?

Danke

In Dänemark wird zur Begrüßung meist nur „**Hej**", gesprochen „*hai*" gesagt. Förmlicher begrüßt du mit:

Godmorgen	*gɔmɔrn*	Guten Morgen
Goddag	*gɔdö:*	Guten Tag
Godaften	*gɔaften*	Guten Abend
Godnat	*gɔnat*	Gute Nacht

Zum Abschied kannst du „**Hej hej!**" benutzen oder:

Hav det godt!	*ha:w də god*	Mach's gut!
Vi ses	*wi: ße:ß*	Wir sehen uns!, Bis dann!
Farvel	*fawell*	Auf Wiedersehen! (engl. farewell)

Dänisch

Entschuldigung! – _onßgül_ – **Undskyld!**

LH (Lernhilfe): klangähnlich un**gült**ig
„Diese Entschuldigung nehme ich nicht an, sie ist ungültig."

Wie viel kostet das? – _wɔ meijə kɔßtə də?_ – **Hvor meget koster det?**

Danke! – _tag_ – **Tak!**
Vielen Dank! – _mange tag_ – **Mange tak!**

Aussprache und Lautschrift

- Deutsch in Normaldruck
- die Lautschrift in _kursiv_ (wobei die _zu betonende Silbe_ unterstrichen wird)
- das geschriebene Fremdwort in **Fettdruck**

Dänisch Einleitung

Die Betonung im Dänischen liegt meist auf der ersten Silbe. Wir bedienen uns einer eigens entwickelten, vereinfachten Lautschrift:

ɔ in unserer Lautschrift ist ein offenes **o** wie in:

Tor – *tɔr* – **dåre**

ng (ŋ) in unserer Lautschrift klingt wie:

Gesang – *ßang* – **sang**
Ding – *ting* – **ting**

Das umgedrehte **ə** ist das nach unten abfallende **e** wie in Matte, Kette...

Ein besonders kurz gesprochener Vokal wird mit nachfolgendem doppelten Konsonant verdeutlicht. Genauso wie im deutschen „Null – *null* – **nul**".

Der Doppelpunkt **:** in der Lautschrift bedeutet, dass der Vokal lang gesprochen wird.

Das englische **th** finden wir auch im Dänischen wieder.
Beispiel: frei (auch: arbeitslos, vakant) – *läthi* – **ledig**
Achtung, falscher Freund! „ledig, unverheiratet" heißt: *u:gifd* – **ugift**

Das **h** in der Kombination **hj** und **hv** wird nicht gesprochen.

Dänisch

Das **s** wird immer als scharfes **ß** gesprochen.

Das **v** wird wie **w** gesprochen.

Adjektive habe oft die Endung **-ig** oder **-lig**. Das **-g** ist meist stumm. Beispiel: Du bist lustig. – *du är lüßdi* – **Du er lystig**.

Es gibt drei Sonderzeichen, die im Alphabet angehängt werden:

æ Æ entspricht annähernd dem deutschen **ä**.
ø Ø entspricht dem **ö**, lang gesprochen **ö:**.
å Å entspricht dem **o**, offen gesprochen ɔu wie in: offen – *ɔubən* – **åben**

Wie funktionieren unsere Lernhilfen?

Vielleicht hast du den Ausruf „Vorsicht! – *päß pɔu!* – **Pas på!**" alleine vom Sehen (visueller Lerntyp) oder Hören (auditiver Lerntyp) im Gedächtnis verankert. Vielleicht brauchst du aber auch eine Lernhilfe oder Eselsbrücke.

Was zeichnet eine Eselsbrücke aus? Sie kann zum Beispiel logisch erklärt sein mittels der Herleitung der Stammsilbe, sie kann auf einer ähnlichen Vokabel im Englischen beruhen, sie kann mit der Schlüsselwortmethode arbeiten oder auch einfach nur verrückt und witzig sein.

Im Beispiel „**Pas på!**" bietet sich eine Kombination an: Wortähnlichkeit mit „aufpassen" (Vorsicht, pass auf!) und Merken von „auf – **på**" mit Hilfe der Schlüsselwortmethode „Papa Pandabär auf dem Baum". „**Papa Pa**ndabär" ist dabei das Schlüsselwort für „**på**". Dieses Wort wird gedanklich verbunden mit der deutschen Übersetzung „auf" dem Baum.

Wenn du dieses oder ein ähnliches Bild einige Male im Kopf wiederholst, wird dein Gedächtnis die Verbindung zur passenden Bedeutung herstellen. Besonders gut kannst du dir Bilder merken, die du dir selbst ausgedacht hast.

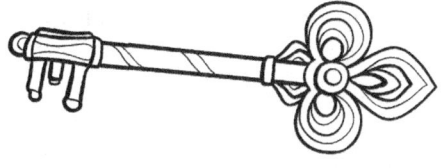

Die folgenden Themen-Kapitel starten jeweils mit einer Vokabelliste mit zwischen 6 und 13 Wörtern. Danach folgen Beispielsätze und Redewendungen, die alle Vokabeln aus der vorherigen Liste enthalten. Hierbei findest du die Lautschrift in der zweiten Zeile in Kursivdruck.

Schwierige Wörter, die nicht klangähnlich zur deutschen Übersetzung sind, werden im Weiteren mit einer Lernhilfe (LH:) ausgestattet. Zusätzlich findest du in den einzelnen Kapiteln spannende Fun Facts und die wichtigste Grammatik.

Los geht's mit dem ersten Thema. Du befindest dich in einer Bar in Kopenhagen und möchtest gerne etwas zu trinken bestellen.

Viel Spaß! – *gɔ fornö:jelße* – **God fornøjelse!**

Thema Bar

1. **baren, en bar** – _ba:en_	die Bar, eine Bar
2. **jeg har** – _jai ha:_	ich habe
3. **tørst(en), tørstig** – _törßt(i)_	der Durst, durstig
4. **jeg drikker** – _jai draigər_	ich trinke
5. **te, en te** – _te_	der Tee, ein Tee
6. **vandet, en vand** – _wännet_	das Wasser, ein Wasser
7. **eller** – _äla_	oder
8. **kaffen, en kaffe** – _kaffe_	der Kaffee, ein Kaffee
9. **med** – _me:_	mit
10. **sukker** – _ßugə_	der Zucker
11. **hvor** – _wor_	wo
12. **toiletterne** – _toəledärnə_	die Toiletten

Dänisch

Ich habe Durst, ich bin durstig.
jai är törßti.
Jeg er tørstig.

Trinkst du einen Kaffee, Tee oder Wasser?
draigər du en kaffe, te äla wänn?
Drikker du en kaffe, te eller vand?

Ich trinke Kaffee mit Zucker.
jai draigər kaffe me: ßugə.
Jeg drikker kaffe med sukker.

Wo sind die Toiletten?
wor är toəledärnə?
Hvor er toiletterne?

oder – *äla* – **eller**

LH: *Habe ich mir die* **Elle** *oder Speiche gebrochen?*

trinken	*draigə*	drikke (Infinitiv)
ich trinke	*jai draigər*	jeg drikker
du trinkst	*du draigər*	du drikker
er/sie/es trinkt	*han... draigər*	han/hun/den/det drikker
wir trinken	*wi: draigər*	vi drikker

| ihr trinkt | i: _draigər_ | I drikker |
| sie/Sie trinken | də _draigər_ | de/De drikker |

ich habe getrunken – **jeg har drukket...**
ich trank – **jeg drak...**

Fun Fact
Dänisch gehört wie die deutsche Sprache zu den germanischen Sprachen und besitzt viele Lehnwörter aus dem Lateinischen, Englischen oder dem Französischen.

Artikel

Es gibt im Dänischen wie im Schwedischen nur zwei Geschlechter.

Das **Utrum**, auch en-Wörter, ist das gemeinsame Geschlecht für männlich und weiblich. Ca. 75% der Substantive gehören dazu. Das **Neutrum**, auch et-Wörter, ist das sächliche Geschlecht mit 25%.

Beginnen wir mit dem unbestimmten Artikel:

Utrum: en	ein Mann eine Frau	**en mand, en kvinde**
Neutrum: et	ein Name ein Kind	**et navn, et barn**

Dänisch

Die bestimmten Artikel

der/die	**den**	männlich und weiblich, Utrum
das	**det**	sächlich, Neutrum
die	**de**	Plural (alle Geschlechter)

werden nur bei vorangestellten Adjektiven verwendet:

der große Campingplatz	**den store campingplads**
die kleine Hütte	**den lille hytte**
das gute Hotel	**det gode hotel**
die reichen Touristen	**de rige turister (pl.)**

Besitzt das Substantiv dagegen kein vorangestelltes Adjektiv, werden die bestimmten Artikel lediglich angehängt:

-en für männlich und weiblich, Utrum
-et für sächlich, Neutrum

Beispiele:

der Campingplatz	**campingpladsen**

die Kirche	**kirken**, (das e von eine Kirche – **en kirke**, wird zugunsten der flüssigen Aussprache weggelassen)
das Haus	**huset** (ein Haus – **et hus**)

Häufig haben die dänischen Wörter das gleiche Geschlecht wie im Deutschen. Grund ist die Entwicklung der skandinavischen Sprachen und der deutschen Sprache aus dem Germanischen.

Plural

Die Bildung des Plurals ist für beide Geschlechter gleich.

Die unbestimmte Form endet auf -**(e)r** oder es bleibt bei der Grundform:

eine Krone	**en krone**
Ich habe fünf Kronen	**Jeg har fem kroner.**

Dänisch

Die bestimmte Form wird mit Grundform (Stamm) und den Endungen -**(e)ne** gebildet:

das Ding	**tingen** (Grundform: **ting**)
Die Sachen sind dort.	**Tingene er der.**

LH: engl. thing – Ding, Sache

Thema Weg

13. **floden** – _flo_then	der Fluss
14. **nær** – nä:r	nah
15. **vi går** – wi: gɔ	wir gehen
16. **til venstre** – till _wen_ßtrə	nach links
17. **og** – ɔ	und
18. **lige ud** – li:ə _uth_	geradeaus
19. **nej, ikke** – nai, _igg_ə	nein, nicht
20. **vejen** – _wai_en	der Weg, Landstraße
21. **til** – till	nach/zur/bis
22. **broen** – bru:n	die Brücke
23. **til højre** – till _hoi_rə	nach rechts
24. **her langs** – ha:r _lang_ß	hier lang
25. **Kom nu!** – _kom_ nü:!	Komm jetzt!

Der Fluss ist nah.
_flo_then är nä:r.
Floden er nær.

Wir gehen nach links und danach geradeaus.
wi: gɔ till _wen_ßtrə ɔ de:äfər li:ə _uth_.
Vi går til venstre og derefter lige ud.

Dänisch

Nein, der Weg zur Brücke führt nach rechts.
nai, waien till bru:n förer till hoirə.
Nej, vejen til broen fører til højre.

Hier lang, komm jetzt!
ha:r langß, komnü!
Her langs, kom nu!

ja	*jɔ*	**ja**
nein	*nai*	**nej**
nicht	*iggə*	**ikke**

Fluss – *flothen* – **floden**

LH: Die **Flöße** treiben auf Flüssen.

(nach) links – *till wenßtrə* – **til venstre**

LH: engl. **till** – bis

„Bis du links am **Fen**ster bist, hat dich das Mo**nster** längst erwischt."

danach – *de:äfər* – **derefter**

LH: Hier steckt das englische Wort „**after**" drin für „danach, später".

geradeaus – *li:ə uth* – **lige ud**

LH: Mit der **Lig**a geht es geradeaus bis zur Spitze.
„**lige**" alleine bedeutet „gerade" (zeitlich).

(nach) rechts – *till hoirə* – **til højre**

LH: Rechts neben mir läuft Till: „**Till, höre** mir endlich mal zu!"

Alternative Lernhilfe: Der Begriff „**höhere** Gewalt" kommt in unserem **Rechts**system vor und bezeichnet einen Schaden, der von außen kommt und auch mit Sorgfalt nicht abgewendet werden kann (Beispiel: Tsunami).

Fun Fact
Mehr als ein Drittel der im Arbeitsleben stehenden Dänen fahren mit dem Fahrrad zu Arbeit.

Dänisch

Verben

Die Verben haben in allen Personen (ich, du, er, sie, es, wir, ihr, sie) und im Singular und Plural die gleiche Form (anders als im Deutschen, ich bin, du bist, er ist...).

sein	*wär*	**være** (Infinitiv)
ich bin	*jai är*	**jeg er**
du bist	*du är*	**du er**
er ist	*hann är*	**han er**
sie ist	*hunn är*	**hun er**
es ist	*den/det är*	**den/det er**
wir sind	*wi: är*	**vi er**
ihr seid	*i är*	**I er**
sie sind	*de är*	**de er**

Alle Verben im **Präsens** (Gegenwart) enden (mit Ausnahme der Modalverben) auf **-r**:

ich bin – *jai är* – **jeg er**

Die meisten Verben im **Infinitiv** (singen, speisen/essen) bekommen an den Wortstamm ein **-e** angehängt:

synge, spise

Thema Weg

Ausnahmen sind einsilbige Wörter, die auf einen Vokal enden:

wohnen	*bo:*	bo
sehen	*ße:*	se
stehen	*ßtɔu*	stå
gehen	*gɔu*	gå
bekommen	*fɔu*	få

Beispielsätze

ich komme aus...	*jai <u>kom</u>mer fra:*	jeg kommer fra...
ich bin aus...	*jai är fra:*	jeg er fra...
du lebst, wohnst in...	*du bor i*	du bor i...
er geht nach...	*hann gɔr till*	han går til...
sie geht nach...	*hunn gɔr till*	hun går til...
wir haben viel...	*wi: har <u>mai</u>eth*	vi har meget...
ihr habt wenig...	*du har lid*	du har lidt...
sie nehmen alles	*di tar ält*	de tager alt

Dänisch

Siezen und Duzen

Schon in der 70iger Jahren wurde sowohl die Sie-Anrede als auch die Verwendung akademischer Titel abgeschafft. Man redet sich mit Du an, auch im Schüler-Lehrer Verhältnis. Damit wird die soziale Gleichheit demonstriert, die Kommunikation auf Augenhöhe. Wer in der Hierarchie höher steht, wird auf den ersten Blick nicht sichtbar. Es zeigt sich eher im Tonfall oder in höflichen Gesten. Viele lernen Deutsch in der Schule, aber nicht jeder möchte geduzt werden, wenn die Unterhaltung auf Deutsch stattfindet. Es ist auch in Dänemark bekannt, dass für die Deutschen das Siezen eine Respektsbezeugung darstellt.

Thema Familie

Fun Fact
Das dänische Königshaus ist Europas älteste Monarchie, sie existiert seit über 1000 Jahren.

26. **familie** – *fämi:ljə*	die Familie
27. **ja** – *jɔ*	ja
28. **kvinden, en kvinde, kone** – *kwenə, ko:nə*	die Frau, eine Frau, Ehefrau
29. **manden, en mand** – *män*	der Mann, ein Mann, Ehemann
30. **lille** – *lillə*	klein
31. **barnet, et barn** – *bar:nə, ett ba:n*	das Kind, ein Kind
32. **huset, et hus** – *hußə, ett huß*	das Haus, ein Haus

Fun Fact
Der Name „LEGO" ist ursprünglich eine Abkürzung der Wörter „leg godt", also „spiel gut".

Dänisch

Hast du Familie?
har du fä<u>mi:</u>ljə?
Har du familie?

Ja, min Frau/Mann und ein kleines Kind.
ja, mi:n <u>ko:</u>nə/män ɔ ett <u>lill</u>ə ba:n.
Ja, min kone/mand og et lille barn.

Wir leben/wohnen in einem Haus.
wi: bor i ett hu:ß.
Vi bor i et hus.

Ehefrau – <u>ko:</u>nə – **kone**

LH: *Meine Ehefrau trug eine **Krone** bei der Hochzeit.*

Frau – <u>kwe</u>nə – **kvinde**

LH: **Queen**
Frau Nielsen – **fru Nielsen**

kleines Kind, Kleinkind – <u>lill</u>ə ba:rn – **lille barn**

LH: *engl. **little** – klein*
*Ein Kind ist uns **geboren**.*

leben/wohnen – *bɔ* – **bo**

LH: *hier **geboren** als **barn**, hier gelebt, hier verstorben*

| ich lebe/wohne | *jai bɔr* | **jeg bor** |

202

| ich wohnte in... | *jai boede i...* | jeg boede i... |

Die Verwandtschaftsbezeichnungen

sind ähnlich und leicht zu lernen. Ebenso die Aussprache, wenn das ø als ö gesprochen wird.

Vater	**far**
Mutter	**mor**
Großmutter	**bedstemor**
Großvater	**bedstefar**
Onkel	**onkel**
Tante	**tante**
Cousine	**kusine**
Cousin/Vetter	**fætter**
Neffe	**nevø**
Nichte	**niece**
Schwiegermutter	**svigermor**
Schwiegervater	**svigerfar**
Eltern	**forældre**
Sohn	**søn**
Tochter	**datter**

Dänisch

Schwester	**søster**
Bruder	**bror**
Geschwister	**søskende**

Thema Restaurant

33. **jeg vil have** – *jai will häw*	ich will (haben)
34. **vi spiser** – *wi ßpi:ßər*	wir essen
35. **meget** – *maieth*	sehr, viel
36. **sulten** – *ßu:lten*	hungrig
37. **Hvad er der?** – *wä: ä də?*	Was gibt es? wörtl. Hat es das?
38. **restauranten** – *restaurɔng*	das Restaurant
39. **fisken, en fisk** – *fißken*	der Fisch, ein Fisch
40. **saltet, et salt** – *ßalt*	das Salz, ein Salz

Fun Fact

Durch die dänische Zuckersteuer sind Süßigkeiten teurer als im sonstigen Europa.

Wollen wir essen/speisen gehen?
ßkäl wi ßpi:ßə?
Skal vi spise?

Dänisch

Ich habe viel Hunger. Ich bin sehr hungrig.
jai är ma̲i̲eth ß̲u:̲lten.
Jeg er meget sulten.

Was gibt es in diesem Restaurant?
wä: är də i denn restauro̲ng?
Hvad er der i denne restaurant?

Wo gibt es...?
wɔ är də...
Hvor er der...

Es gibt Fisch mit Salz.
də är fißk me: säld.
Der er fisk med salt.

Hunger – *ß̲u:̲lten* – **sulten**

LH: Stell dir einen **Sultan** mit viel Hunger vor, umgeben von feinsten Speisen.

sehr, viel – *ma̲i̲eth* – **meget**

LH: „Könnte ich **mehr Mayo** haben? Ich bin sehr hungrig."

Pronomen

mir/mich	*mai*	**mig**
dir/dich	*dai*	**dig**
sich	*ßai*	**sig**
uns	*ɔß*	**os**
euch	*jär*	**jer**
ihr	*he̱də*	**hende**

Beispielsätze

Ich mag dich, ich kann dich gut leiden.	**Jeg kan godt lide dig.**
Er bewegt sich.	**Han bevæger sig.**
Ich freue mich.	**Jeg glæder mig.**

LH: *engl. to be* **glad**

Wir beeilen uns.	**Vi skynder os.**

LH: sich beeilen − **skynde sig**
Es könnte sein, dass wir den Zug verpassen, wenn wir uns nicht beeilen.

Thema See

41. **jeg sover** – *jai ꞵowər*	ich schlafe
42. **ved søen** – *wəth sö:n*	am See
43. **om natten** – *ɔm <u>nä</u>ten*	in der Nacht
44. **en smule, lidt** – *in ꞵmulə, litt*	ein bisschen, etwas
45. **kold** – *kɔll*	kalt
46. **bjerget, et bjerg, bjergene** – *<u>bjou</u>ə*	der Berg, ein Berg, das Gebirge
47. **en stjerne** – *in ꞵt<u>jer</u>nə*	ein Stern

Nachts ist ein Stern über dem Berg.

ɔm <u>nä</u>ten <u>eə</u>n ꞵt<u>jer</u>nə o:ər <u>bjou</u>ə.

Om natten er en stjerne over bjerget.

Dänisch

Ich schlafe am See (Meer) nachts (bei Nacht).
jai ßowər wəth (hauə) sö:n ɔm näten.
Jeg sover ved søen (havet) om natten.

Es ist etwas kalt.
de är litt kɔuld.
Det er lidt koldt.

nachts – *ɔm natten* – **om natten**

LH: „om" ist eine Präposition und bedeutet „gegen, um, am, ob, von, über".

am Tag – *ɔm dejən* – **om dagen**

Eine weitere Präposition ist „på – *pɔu* – auf, an, am, bei":

auf der Reise	pɔu raisn	på rejsen
auf Dänisch	pɔu dänß	på dansk
auf Deutsch	pɔu tüßk	på tysk
denken an	tänkə pɔu	tænke på
auf der Insel	pɔu öin	på øen

schlafen – *jai ßowər* – **jeg sover**
LH: Auf dem **Sofa** schlafe ich besonders gut.

Thema See

| wir schlafen | *wi: ßɔwə* | **vi sover** |
| wir schliefen | *wi: ßɔu* | **vi sov** |

am See/Meer – *wəth sö:n/hauə* – **ved søen/havet**

LH: „**Wie schön** ist es am See."
der **Hafen** am Meer

Und eine dritte Präposition ist:

| an, bei, um | *we:* | **ved** |
| mittags | *we: mid̲dagsdi:* | **ved middagstid** |

Satzbau

Der Satzbau ist ähnlich dem Deutschen.

Aussagesatz:

Sophie ist hier.
ßofi: är här.
Sophie er her.

Fragesatz:

Ist Luke ein Student?
är luk in ßtud̲ent?
Er Luke en student?

Groß- und Kleinschreibung

Im Dänischen werden nur Eigennamen, d.h. Ländernamen (Norge-Norwegen, Tyskland-Deutschland), Personen-namen, Firmennamen und Abkürzungen groß geschrieben. Dazu noch der Satzanfang. Alle anderen Worte werden klein geschrieben, auch Wochentage, Monate, Jahreszeiten usw.

Thema Medizin

48. **Goddag! Hej!** – _gɔdö:!_ hai!	Guten Tag! Hallo!
49. **Undskyld!** – _ɔnßgül!_	Verzeihung! Entschuldigung!
50. **lægen, en læge** – _leen, in lee_	der Arzt, die Ärztin, ein Arzt, eine Ärztin
51. **jeg er** – _jai är_	ich bin
52. **syg** – _ßü:_	krank
53. **jeg har brug for** – _hä bru: for_	ich brauche
54. **Hjælp** – _jelp_	die Hilfe
55. **medicinen, en medicin** – _medißi:nə, in medißi:n_	die Medizin, die Medikamente, eine Medizin

Hallo, entschuldigen Sie, wo ist ein Arzt?
hai, ɔnßgül, wɔ än lee?
Hej, undskyld, hvor er en læge?

Ich bin krank und brauche Hilfe und Medizin.
jai är ßü: ɔ hä bru: for jelp ɔ medißi:n.
Jeg er syg og har brug for hjælp og medicin.

Dänisch

Entschuldigung! – *ɔnßgül!* – **Undskyld!**

LH: Obwohl ich **unschuldig** bin, entschuldige ich mich.

ein Arzt, eine Ärztin – *lee* – **(en) læge**

LH: Beim Arzt lege ich mich auf die **Liege**.

krank – *ßü:* – **syg**

LH: Wenn ich krank bin, esse ich am liebsten **Süßigkeiten**.

brauchen – *hä bru: for* – **have brug for**

LH: klangähnlich „brauchen für"

Ich brauche einen Arzt.
jai ha: bru: for in lee.
Jeg har brug for en læge.

Hilfe – *jelp* – **Hjælp**

LH: engl. **help**

Weitere Beispielsätze

Ruf nach einem Arzt!
Reng äfta än le:!
Ring efter en læge!

LH: anrufen – **ringe op**
engl. to **ring** – klingeln

Wo ist die nächste Arztpraxis?
wɔ är den n̠äeßte l̠e:klinik?
Hvor er den nærmeste lægeklinik?

Wo kann ich ein Krankenhaus finden?
wɔ kän jai f̠innet hoßpit̠äil?
Hvor kan jeg finde et hospital?

Ärztliche Versorgung

Hol dir von deiner Krankenversicherung eine europäische KV-Karte. Zwischen Dänemark und Deutschland besteht ein Sozialversicherungsabkommen. Mit dieser Karte kannst du die medizinische Versorgung nutzen. Es werden dir aber nur die in Deutschland gültigen Sätze erstattet, darum ist eine private Auslands-KV angeraten. In Dänemark ist das Sozialsystem staatlich und wird von den hohen Steuersätzen von ca. 60% bezahlt. Viele Dänen haben eine private Zusatzversicherung, mit der die teilweise langen Wartezeiten in Krankenhäusern verkürzt werden können. Der persönliche Eigenanteil für Medikamente liegt zwischen 25 und 50%.

Thema Supermarkt

56. **supermarkedet** – *ßupermargeth*	der Supermarkt
57. **maden** – *mäth*	die Nahrung, das Essen
58. **kødet** – *köth*	das Fleisch
59. **grøntsagerne, en grøntsag** – *grö:nßärnə, in grö:nßej*	das Gemüse, ein Gemüse
60. **frugten, en frugt** – *frugdn, in frugd*	die Frucht, das Obst, ein Obst
61. **brødet, et brød** – *bröth*	das Brot, ein Brot
62. **er dyrt** – *ä dü:rt*	ist teuer
63. **jeg køber** – *jai köber*	ich kaufe
64. **mere** – *me:r*	mehr

Dänisch

Im Supermarkt gibt es Essen wie Fleisch, Gemüse, Obst und Brot.

i ßupermargeth här mäth sɔm köth, grö:nßej, frugd ɔ bröth.

I supermarkedet har mad som kød, grøntsager, frugt og brød.

Das Fleisch ist teuer, ich kaufe mehr Brot.

köth ä dü:rt, jai köber me:r bröth.

Kødet er dyrt, jeg køber mere brød.

Lebensmittel – *mäth* – **mad**

LH: Lebensmittel werden in **Material** verpackt.

wie (Adv.) – *sɔm* – **som**

LH: ein **Som**mer wie dieser...

Fleisch – *köth* – **kødet**

LH: **Kött**bullars, die Fleischklößchen im schwedischen Möbelhaus

Gemüse – *grö:nßej* – **grøntsager**

LH: Klingt wie **grüne Sachen**.

teuer – *dü:rt* – **dyrt**

LH: Bei einer **Dürre** wird alles teurer.

Weitere Beispielsätze

Ich kaufe ein Brot.
jai köber et bröth.
Jeg køber et brød.

Ich möchte (will haben) ein Brot.
jai will hä et brö:.
Jeg vil have et brød.

Du kaufst Wasser.
du köber wänn.
Du køber vand.

Er kauft Steak.
han köber bö:f.
Han køber bøf.

Wir kaufen Salat.
wi: köber ßalejd.
Vi køber salat.

Ihr kauft Ketchup.
du köber ketschup.
Du køber ketchup.

Dänisch

Sie kaufen Kartoffeln.
de köber kartoflər.
De køber kartofler.

Fragewörter

was – *wa:* – **hva**

Was machen wir?	Hvad gør vi?
Was möchtest/willst du (gerne) haben/trinken/essen/wissen?	Hvad vil du gerne have/drikke/spise/vide?

wer – *wemm* – **hvem**

Wer ist das?	Hvem er det?
Wer will mitkommen?	Hvem vil komme?

wann – *nɔr* – **når**

Wann kommst du?	Hvornår kommer du?
Wann fährst du heim?	Hvornår skal du hjem?

wo – *wɔr* – **hvor**

Wo wohnst du?	Hvor bor du?
Wo bist du?	Hvor er du?

warum – _worfor_ – **hvorfor**

Warum fragst du?	**Hvorfor spørger du?**
Warum nicht?	**Hvorfor ikke?**

Preise in Dänemark

Dänemark hat einen MwSt-Satz von 25%, welcher die Lebenshaltungskosten verteuert. Allgemein haben sich die Preise in den Supermärkten aber denen von norddeutschen Strandbädern angenähert. Die Gehälter sind höher und gleichen damit die um etwa ein Viertel höheren Lebenshaltungskosten aus. Wegen den hohen Mieten wohnen viele in Schleswig-Holstein und fahren zum Arbeiten über die Grenze. Ein Milchkaffee kostet knapp 5€ und ein einfaches Fish & Chips Gericht 10€. Fleisch ist ebenfalls deutlich teurer als in Deutschland, dafür hat es bessere Qualität. Ausgleichend sind sämtliche Beerensorten für wenig Geld zu haben und Milchprodukte sind auch günstiger als in Deutschland.

Thema Strand

65. **i dag** – *i dej*	heute
66. **varm** – *wa:m*	heiß, warm
67. **dagen, en dag** – *<u>de</u>jen, in dej*	der Tag, ein Tag
68. **på stranden** – *pɔu ß<u>tra:</u>dn*	am Strand
69. **nok** – *nog*	genug
70. **solen, en sol** – *ß<u>u:</u>len*	die Sonne, eine Sonne
71. **Stor!/Fantastisk!/Great!** – *ßto:r! fänt<u>ä</u>ßtißk! grejt!*	toll, fantastisch, großartig

Fun Fact

Zu Dänemark gehören 406 Inseln, von denen 82 bewohnt sind. Von jedem Ort kommt man in maximal 52 km ans Meer. Es gibt hier keine Kernkraftwerke, der Energiebedarf wird zu 30% von Windkraft gedeckt.

Heute ist ein warmer Tag.
i dej är det en wa:m dej.
I dag er det en varm dag.

Dänisch

Ich bin am Strand.
jai är pɔu ßtra:dn.
Jeg er på stranden.

Es gibt genug Sonne. Toll!
där nog ßo:l. greit!
Der er nok sol. Great!

heute – *i dej* – **i dag**

LH: „An diesem **Tag** geht es mir heute besonders gut."

Sonne – *ßu:l* – **sol**

LH: Kennst du die Costa del **Sol** in Andalusien?

Bindewort (Konjunktion)

oder	_elər_	eller
aber	_men_	men
auch	_ɔß_	også
nur	_kunn_	kun
also, folglich, daher	_ältßɔu/ßɔu_	altså, så
als (bei Vergleich)	_en_	end
dass	_äd_	at
seit	_ß̱ilthən_	siden
weil	_f̱ɔdi:_	fordi
wenn, falls (Bedingung)	_wiss_	hvis
wenn (zeitlich)	_nɔr_	**når**

Thema Post

72. næste – _näßtə_	nächste(r,s)
73. posthuset – _poßthußə_	das Postamt
74. jeg vil have – _jai will häw_	ich möchte
75. stor – _ßto:r_	groß
76. brevet, et brev – _bre:wett, ett bre:w_	der Brief, ein Brief
77. tak, Værsgo! – _tag, wärßgo!_	bitte, Bitte schön!
78. hvornår, når – _wonɔu, nɔu_	wann, wenn (zeitlich)
79. langsomt – _langsɔm_	langsam
80. pengene, penge – _pengenə, pengə_	das Geld, Geld

Dänisch

Wo ist das nächste Postamt?

wɔ är ded <u>närßtə</u> <u>poßthuß</u>?

Hvor er det nærmeste posthus?

Ich will diesen Brief senden, bitte.

jai will <u>ßendə</u> dettə bre:w, tag.

Jeg vil sende dette brev, tak.

Wann kommt er.

<u>wonɔu</u> <u>kom</u>mer hän.

Hvornår kommer han.

Die Post ist langsam.

postn är <u>langsɔm</u>.

Posten er langsom.

Hier ist das Geld.

her är <u>pengenə</u>.

Her er pengene.

Das ist ein großes Ding.

de än ßto:r ting.

Det er en stor ting.

Geld – *<u>pengenə</u>* – **pengene**

LH: Der **Penny**-Markt verkauft gute **Gene** für viel Geld.

groß – *sto:r* – **stor**

LH: *ein großer* **Store**

Wörter mit Endung -ion

Es gibt im Deutschen und im Dänischen sehr viele Wörter mit der Endung **-tion** oder **-ion** die in der Bedeutung häufig gleich sind:

abstraktion
administration (Verwaltung)
aggression
amputation
animation
argumentation
association (Verein)
attraktion (Anziehung)
definition
degeneration
dekoration
delegation
demonstration
depression
dimension
diskussion
dokumentation
emission
emotion

Dänisch

ekspedition

eksplosion

funktion

fusion

infektion

information

innovation

kombination

kommunikation

konstruktion

konvention

lotion

lektion

menstruation

operation (Chirurgie)

organisation

præsentation (Vorstellung)

procession

reaktion

reception (Empfang)

region

situation

station

tradition

transfusion

versionen

Thema Lernen

81. **jeg lærer** – *jai l__ä__ər*	ich lerne
82. **jeg kan** – *jai känn*	ich kann
83. **jeg siger** – *jai ß__i__ər*	ich sage
84. **ordene, et ord** – *ɔännə, ɔːr*	die Wörter, ein Wort
85. **ting** – *ting*	die Sache, das Ding
86. **hvorfor** – *w__ɔː__fa*	warum, wofür
87. **hvem** – *wemm*	wer
88. **god, godt** – *gɔth, gɔd*	gut

Fun Fact

Das Standard Dänisch heißt „rigsdansk – *r__i__ßdanßk*" und wird überall in Dänemark verstanden. Es gibt auch viele Dialekte, nicht anders als in Deutschland, die erheblich abweichen.

Ich lerne dänisch.
jai läər dänßk.
Jeg lærer dansk.

Dänisch

Ich kann sagen die Wörter „Ding, warum und wer".
jai känn ßiə ɔännə „ting, wɔ:fa ɔ wemm".
Jeg kan sige ordene „ting, hvorfor og hvem".

Welche Schule hast du besucht?
wilken ßku:lə gik du pɔu/war du pɔu?
Hwilken skole gik du på/var du på?

Ich studiere an der Uni München.
jai ßtudeär we: uniwersidäded i München.
Jeg studerer ved universitetet i München.

Eine gute Klasse.
en gɔth kläßə.
En god klasse.

Wort – ɔ:r – (et) **ord**

LH: In manchen Orden sind Worte verboten.

Fun Fact

Bis zum Ende der 9. Klasse werden alle Schüler gemeinsam unterrichtet. Das 10. Schuljahr wird oft auf einer Efterskole im Internat verbracht. Die Schwerpunkte (Musik, Kunst, Sport oder Sozialwissenschaften) werden von den Schulen unterschiedlich angeboten. Die Kosten sind so niedrig, dass alle Eltern sich diese Schule leisten können. Danach können die Jugendlichen drei Jahre ein Gymnasium, ein Handelsgymnasium oder ein technisches Gymnasium besuchen und mit dem Abitur abschließen. Alternativ zum Gymnasium gibt es die Lehre mit Besuch einer Berufsschule.

Dänisch

Zeit – (en) tid

Sonntag	_Böndə_	søndag
Montag	_mändə_	mandag
Dienstag	_tiːrßdə_	tirsdag
Mittwoch	_ɔnßdə_	onsdag
Donnerstag	_tɔnßdə_	torsdag
Freitag	_fraidə_	fredag
Samstag	_löːdə_	lørdag
bis Sonntag	_till Böndə_	til søndag
gestern	_iː gɔu_	i går
heute	_iː dei_	i dag
heute Abend	_iː aftn_	i aften
morgen	_iː mɔːn_	i morgen

Thema Lernen

Woche	_u:ə_	(en) uge
letzte Woche	_ßißtə u:_	sidste uge
in einer Woche	_ɔm in u:ə_	om en uge
Monat	_mo̞:nth_	(en) måned
Jahr	_ɔr_	(et) år
Januar	_jänuar_	januar
Februar	_februar_	februar
März	_ma:tß_	marts
April	_äpril_	april
Mai	_mai_	maj
Juni	_juni_	juni
Juli	_juli_	juli
August	_auqußt_	august
September	_ßeptember_	september
Oktober	_oktober_	oktober
November	_nowember_	november
Dezember	_deßember_	december
Mitte Januar	_medən ɔ jänuar_	midten af januar
Frühling	_fɔɔ_	(et) forår
Sommer	_ßɔmɔ_	(en) sommer

Dänisch

Herbst	_äftɔu_	(et) efterår
Winter	_wintɔ_	(en) vinter
den ganzen Sommer	_helə ßɔmern_	hele sommeren

Thema Polizei

89. **i går aftes** – *i: gɔu a:wteß*	gestern Abend
90. **dette dyr** – *dädə dür*	dieses Tier
91. **byen, en by** – *büen, in bü:*	die Stadt, eine Stadt
92. **Gå væk!** – *gɔ wäg!*	Geh weg!
93. **politiet** – *politi*	die Polizei
94. **hurtigt** – *hurdid*	schnell

Gestern war dieses Tier in der Stadt.
i: gɔu war dettə dü:r i büen.
I går var dette dyr i byen.

Ich sagte: „Geh weg!"
jai ßej, „gɔu wäg!"
Jeg sagde, „Gå væk!"

Die Polizei kam rasch (schnell).
politi komm hurdid.
Politiet kom hurtigt.

gestern – *i: gɔu* – **i går**
LH: Gestern habe ich **Igor** den **Igel** getroffen.

Tier – *dü:r* – **dyr**

LH: *Stell dir ein **dürres** Tier vor.*

Stadt – *bien* – **byen**

LH: **Bien**en *in der Stadt*

Modalverben

Den Modalverben „dürfen, können, mögen, müssen, sollen und wollen" folgt ein Vollverb im Infinitiv → ich darf lernen.

können	**kunne** (Infinitiv)
ich kann	**jeg kan** (Präsens)
ich konnte	**kunne** (Präteritum = Infinitiv)

sollen, müssen	**skulle**
du sollst	**du skal**
du solltest	**du skulle**
du hast gesollt, gemusst	**du har skullet**

wollen	**ville**
er will	**han vil**
er wollte	**han ville**

Thema Polizei

er hat gewollt	han har villet
sollten	**burde**
wir sollten	**vi bør** (Präsens)
wir sollten	**vi burde** (Präteritum)

Kann/darf ich reinkommen?
kann jai komme inn?
Kan jeg komme ind?

Kann ich für dich zahlen?
kann jai betejlə for dai?
Kan jeg betale for dig?

Möchtest/willst du joggen?
will du joggə?
Vil du jogge?

Musst du heimgehen?
ßkäll du jemm?
Skal du hjem?

Sollen wir ins Konzert gehen?
ßkäll wi gɔu till konßärtn?
Skal vi gå til koncerten?

Dänisch

Willst du (haben) einen Kaffee?
will du hej in kaffe?
Vil du have en kaffe?

Thema Farben

95. **hvid** – *with*	weiß
96. **sort** – *ßɔrt*	schwarz
97. **blå** – *blɔu*	blau
98. **rød** – *röth*	rot
99. **gul** – *gu:l*	gelb
100. **grøn** – *grön*	grün
101. **brun** – *brun*	braun

ein weißer Stern	*in with ßtärnə*	**en hvid stjerne**
ein schwarzer Kaffee	*in ßɔrt kaffə*	**en sort kaffe**
ein blauer Brief	*in blɔu bre:v*	**en blå brev**
ein rotes Obst	*in rö frugt*	**en rød frugt**
eine gelbe Sonne	*in gu:l ßu:l*	**en gul sol**
ein grünes Gemüse	*in grön grö:nßej*	**en grøn grøntsag**
ein braunes Tier	*ett brun dür*	**et brunt dyr**

100 ähnliche Wörter

Abfahrt, Abflug	_augang_	afgang
absolut	_abßolut_	absolut
Adresse	_adreßə_	adresse
alkohol(frei)	_alkɔhol(fri)_	alkohol(fri)
allein	_alänə_	alene
Allergie	_alergi_	allergi
Ambulanz, Krankenwagen	_ambulangßə_	ambulance
Ankunft	_ankɔmßt_	ankomst
Annonce, Anzeige	_anongßə_	annonce
Antibiotika	_antibiotika_	antibiotika
Apfelsine, Orange	_apəlßi:n_	appelsin
Apotheke	_apotäk_	apotek
Arm	_arm_	arm
Baby	_bäbi_	Baby
Bäcker/in	_bäjər_	bager
Bäckerei	_bäjəri_	bageri
Bad	_bath_	bad
Banane	_banän_	banan

Dänisch

Bank	*bank*	**bank** (Finanzinstitut)
Batterie	*bat<u>ə</u>ri*	**batteri**
behalten	*bəh<u>ɔ</u>lə*	**beholde**
besser	*be<u>th</u>rə*	**bedre**
besuchen	*bə<u>ß</u>öə*	**besøge**
Betrügerei	*bədrau<u>ə</u>ri*	**bedrageri**
bezahlen	*bə<u>tä</u>lə*	**betale**
billig	*<u>bi</u>li*	**billig**
bitter	*<u>bitt</u>ər*	**bitter**
Blatt	*blath*	**blad**
Blume	*blɔmßt*	**blomst**
Bluse	*<u>blu</u>sə*	**bluse**
Blut	*bloth*	**blod**
Boot	*bɔuth*	**båd**
breit	*breth*	**bred**
bringen (mit-)	*<u>bri</u>ngə meth*	**bringe med**
Bronchitis	*brɔn<u>ki</u>tiß*	**bronkitis**
Buch	*bou*	**bog**
Bucht	*bugd*	**bugt**

100 ähnliche Wörter

Busstation, Busbahnhof	_bußßtaßion_	busstation
Café	_kafä_	café
Chance	_schangße_	chance
Chef	_schäf_	chef
Cola	_kola_	Cola
Computer	_kompjuter_	computer
Creme	_kräm_	creme
Dänemark	_danmark_	Danmark
Datum	_däto_	dato
Deutschland	_tüßkländ_	Tyskland
Diät	_diät_	diæt
direkt	_direkte_	direkte
englisch	_engelßk_	engelsk
Entwicklung	_uthwikle_	udvikling
Etage	_etäsche_	etage
Europa	_ɔiropa_	Europa
Ferien	_ferie_	ferie
Fieber	_fäber_	feber
Formular	_formular_	formular

245

Dänisch

Gast	_geßt_	gæst
gefährlich	_farli_	farlig
gern	_gernə_	gerne
Grad	_grath_	grad
Gramm	_gram_	gram
halb	_hal_	halv
Hälfte	_halde:l_	halvdel
hastig, eilig	_haßti_	hastig
Hauswein	_hußwi:n_	husvin
Honig	_hɔning_	honning
hören	_hörə_	høre
Huhn	_hönə_	høne
Husten	_hoßtə_	hoste
Kartoffel	_kartɔfəl_	kartoffel
Kasse	_kaßə_	kasse
Katze	_kat_	kat
Keks	_kikß_	kiks
kennen	_kenə_	kende
Koffer	_kɔfərt_	kuffert
Krabbe	_krabbə_	krabbe

100 ähnliche Wörter

Kreditkarte	_kre_di_tkort_	kreditkort
Kunst	_kunßt_	kunst (en)
Leben	_liu_	liv
Limonade	_limonäthə_	limonade
Liter	_litər_	liter
Motor	_motor_	motor
Nudeln	_nuthlər_	nudler
öffentlich	_ɔfəntli_	offentlig
Optiker/in	_ɔptikər_	optiker
Paket, packen	_pakə_	pakke
Plan	_plän_	plan
Regen	_rain_	regn
Reise, reisen	_raißə_	rejse
Schokolade	_schɔkoläthə_	chokolade
segeln	_ßailə_	sejle
Sturm	_ßtorm_	storm
Tankstelle, tanken	_tankßtaßion, tankə_	tankstation, tanke
tanzen	_danßə_	danse
Turm	_tourn_	tårn

Dänisch

verboten	*for<u>but</u>*	**forbudt**
verrückt	*for<u>rükt</u>*	**forrykt**
Vorsicht, Gib acht!	*gi: agd! päß pɔu!*	**Giv agt! Pas på!**
Warenhaus, Kaufhaus	*w<u>ar</u>əhuß*	**varehus**
Wechselkurs	*wek<u>ß</u>əlkurß*	**vekselkurs**
Wohnmobil	*<u>auto</u>kampər*	**autocamper**
zentral	*ßen<u>tral</u>*	**central**
Zentrum	*<u>ßen</u>trum*	**centrum**

Redewendungen

Ja, bitte.
ja, tak.
Ja, tak.

Nein, danke.
nai, tak.
Nej, tak.

Vielen Dank für deine Hilfe!
tak for di:n jelp!
Tak for din hjælp!

Gute Reise.
gu: rai̱ße.
God rejse.

Sprichst du englisch?
te̱jler du ingßk?
Taler du engelsk?

Du bist lustig, fröhlich.
du är lö̱ßdi, gläth.
Du er lystig, glad.

Dänisch

Ich bin Deutsche/r und komme aus München.
jai är tüßk ɔ jai är fra München.
Jeg er tysk, og jeg er fra München.

Sprich bitte etwas langsamer.
täll winnlißt litt langsammər.
Tal venligst lidt langsommere.

Kannst du das aufschreiben (schreiben das nieder)?
kenn du ßkriw de neth?
Kan du skrive det ned?

Was ist das?
wär de?
Hvad er det?

Ich reise morgen ab.
jai raißer i mɔːn.
Jeg rejser i morgen.

Es war viel Volk auf der Feier.
de war mangə minßga pɔu feːßten.
Der var mange mennesker på festen.

Kann mir jemand helfen?
kän nuːən jelpə ma?
Kan nogen hjælpe mig?

Redewendungen

Das verstehe ich nicht.
də forßtɔ jai ik.
Det forstår jeg ikke.

Das ist kein Problem.
de ärikt pro:blem.
Det er ikke et problem.

Das war mein Fehler.
de war minn fail.
Det var min fejl.

Das war ein Missverständnis.
de war in mißforßtɔulße.
Det var en misforståelse.

Wo ist das deutsche Konsulat?
wor är de tüßke konßulejt?
Hvor er det tyske konsulat?

Bist du oft hier?
kommə du oftə her?
Kommer du ofte her?

Willst du tanzen?
will du dänße?
Vil du danse?

Dänisch

Lass uns gehen!
lä:ß gɔu!
Lad os gå!

Danke für den fantastischen Abend! Schlaf gut!
takk fɔr denn fän<u>täß</u>tißke aftən! ßov gɔd!
Tak for den fantastiske aften! Sov godt!

Hilfe!
jelp!
Hjælp!

Mir ist kalt.
jai är də kɔld/jai <u>frü</u>ßa
Jeg har det koldt./Jeg fryser.

Wo kann ich kopieren?
wor kän jai kopi:jə?
Hvor kan jeg kopiere?

Ruf nach einem Krankenwagen (Ambulanz)!
räng <u>ef</u>ta in ambu<u>lan</u>ßə!
Ring efter en ambulance!

Ich habe Fieber.
jai har <u>fi:</u>wa.
Jeg har feber.

Redewendungen

Ich will gerne...
jai will gernə...
Jeg vil gerne...

Hast du etwas Wasser?
har du noːə wenn?
Har du noget vand?

Das ist okay.
där ɔkej.
Det er okay.

Ich gehe nicht ins Wasser.
Jai gɔr ikkə i wänthə.
Jeg går ikke i vandet.

Willst du mit uns kommen?
Will du kommə meoß?
Vil du komme med os?

Auf der Ostsee...
pɔu ößtərßöən...
På Østersøen...

Das schmeckte wirklich gut!
də ßmagtə rägdi god!
Det smagte rigtig godt!

Dänisch

Ich habe Hunger.
Jai är ßultə.
Jeg er sulten.

Gute Nacht
gɔ<u>nat</u>
Godnat

Gute Reise!
gɔ <u>raiß</u>ə
God rejse!

sehr gut
<u>mai</u>əth gɔd
meget godt

Mir geht es gut.
jai har de finth.
Jeg har det fint.

Zahlen

0	*nol*	nul
1	*e:n*	**en**
2	*to:*	to
3	*trej*	tre
4	*fi̱:ə*	fire
5	*fem*	fem
6	*ßegß*	seks
7	*ßju*	syv
8	*ɔ̱də*	otte
9	*ni:*	ni
10	*ti:*	ti
11	*e̱lvə*	elleve
12	*tɔl*	tolv
13	*tre̱dən*	tretten
14	*fjo̱dən*	fjorten
15	*fe̱mdən*	femten
16	*ßai̱ßdən*	seksten
17	*ßö̱dən*	sytten
18	*ä̱dən*	atten

Dänisch

19	_ned_ən	nitten
20	_tü_wə	tyve
21	_en_ɔtüwə	enogtyve
22	_to_ɔtüwə	toogtyve
30	_trä_wə	tredive
31	_en_ɔträwə	enogtredive
32	_to_ɔträwə	toogtredive
40	_fö_ə	fyrre
41	_en_ɔföə	enogfyrre
50	_hell_treß	halvtreds
60	_treß_	tres
70	_hell_fjäß	halvfjerds
80	_fi_äß	firs
90	_hell_fämß	halvfems
100	ed _hun_rəth	et hundrede
101	ed _hun_rəth _ɔ_ən	et hundrede og en
200	to _hun_rəth	to hundrede
201	to _hun_rəth _ɔ_ən	to hundrede og en
300	tre _hun_rəth	tre hundrede

1000	ed _tußənə_	**et tusinde**
2000	to _tußənə_	**to tusinde**
1.000.000	en mi_ljo:n_	**en million**

Fun Fact

Die meisten Lehrer benutzen für ihre Schüler schwedische Zahlen, weil das dänische Nummernsystem ziemlich verwirrend ist. Z.B. ist die 71 eine 1+3 ½ x 20.

Besonderheiten und Anekdoten

Dänemark-Basics

Zum Königreich Dänemark (5,8 Mill. Einwohner) gehören die Färöer-Inseln (18 Inseln mit autonomer Selbstverwaltung), Grönland (gehört offiziell zu Nordamerika, größte Insel der Erde mit der geringsten Bevölkerungsdichte) und das Mutterland mit der Halbinsel Jütland und 406 Inseln.

Mit dem Auto in Dänemark

Bist du mit dem Auto oder dem Wohnmobil unterwegs, beachte die Verkehrsvorschriften (Tagfahrlicht, Höchstgeschwindigkeiten 50/80/130 km/h, Promillegrenze 0,5...). Mit der 112 kannst du die Polizei und den Notarzt kontaktieren.

Öffentliches Verkehrsnetz

Es gibt eine staatliche Eisenbahn und private Bahngesellschaften, welche die Nebenstrecken bedienen. Zwischen

Hamburg und Kopenhagen verkehren regelmäßig Züge. In fünf Stunden kannst du ohne Umsteigen in der Hauptstadt Dänemarks ankommen.

Dänemark besitzt fünf internationale Flughäfen. Kastrup bei Kopenhagen ist mit Abstand der größte des Landes. Beliebteste Reiseziele der Dänen sind London, Oslo und Stockholm. Frankfurt am Main liegt auf Platz 8. Kopenhagen hat fünfmal mehr Fahrräder als Autos und mehr Fahrräder als Einwohner.

Digitales Dänemark

In Dänemark läuft vieles digital: Jobsuche, Steuerklärung, Einwanderung. Der Staat berechnet die Steuern für seine Einwohner größtenteils selbst. Jeder Bürger bekommt eine CPR-Nummer. Mit deren Hilfe kennt der dänische Staat automatisch alle Wohnsitze, Einkünfte, Bankguthaben, Arbeitgeber, Kredite, Kinder, Sommerhäuser und vieles mehr.

Nicht nur Dänemarks Einwohner sind gläsern, nein, auch dessen Fahrzeuge! Über diese Website http://www.nummerplade.net können in Dänemark alle möglichen Infos über ein bestimmtes Auto eingesehen werden. Hier finden sich sämtliche *„synsrapporter"* – TÜV-Berichte mit Kilometerangaben und Kreditschulden. Ebenso, ob das Fahrzeug als Taxi oder Mietauto eingesetzt wurde. Es genügt die Angabe auf dem Nummernschild, um im Computer sofort passende Ersatzteile für genau dieses Auto zu finden. Auch die dänische Autoversicherung hat Zugriff auf diese Infos und überprüft damit die angegebene jährliche Kilometerleistung, welche bekanntlich ein Kriterium für die Höhe des Beitrags ist.

Wohnmobile

Für Wohnmobile gibt es Campingplätze und Stellplätze, die recht teuer sind. Freies Übernachten auf Straßen, am Strand oder in der Natur ist verboten. An vielen Orten wird es geduldet für eine Nacht zum Wiederherstellen der Fahrtauglichkeit. Wo kein Kläger, da kein Richter. An beliebten Stränden/Dünen wird durchaus auch kontrolliert. Zur Hauptsaison sind die Campingplätze sehr überfüllt und die Womos stehen extrem eng. So auch auf dem City-Stellplatz mitten im wunderschönen Kopenhagen. Entspannter ist es, etwas außerhalb zu parken und mit dem Bus in die Stadt zu fahren.

Feste in Dänemark

Da die Dänen sehr gastfreundlich sind, wirst du vielleicht zu einem Festessen eingeladen. Bedanke dich während des Essens mit einem „Tak for mad! – Danke für das Essen!". Auch am nächsten Tag wird ein erneutes „Tak for i gar! – Danke für Gestern!" gerne gehört.

Wie in Deutschland werden Weihnachten, Neujahr, Ostern und Pfingsten in Dänemark gefeiert und sind auch staatliche Feiertage. Am 23. Juni wird in ganz Dänemark das Sonnenwendfest, der Sankt-Hans-Aften, gefeiert. An den Küsten brennen die Sankt-Hans-bål, eine Art Scheiterhaufen, weil an diesem Abend die Hexen mitsamt ihrem Besen nach Bloksbjerg (dem Brocken) im Harz gejagt werden. Touristen dürfen gerne mitfeiern.

Am 13. Dezember wird das Fest der Hl. Lucia gefeiert. Bis 1752 war der 13. Dezember der kürzeste Tag des Jahres. Die älteste Tochter des Hauses spielt die Hl. Lucia mit weißem Gewand und einem Kerzenkranz auf dem Kopf. Die Gemeinden wählen ihre Lucia und es finden Prozessionen statt.

Dannebrog – die dänische Flagge

Die Dänen haben ein inniges Verhältnis zu ihrer rot/weißen Landesflagge. Zu allen besonderen Anlässen wird sie gehisst. Ob mit einer feierlichen Zeremonie in Hof oder Garten, hängend aus dem Fenster, als Girlande am Weihnachtsbaum, aufgedruckt auf Papier oder als Mini-Flaggen zur Tischdeko. Die Dänen lieben ihren Dannebrog.

Währung

Dänemark hat die Kronen, unterteilt in 100 Øre. Die Münzen gibt es in Beträgen von 50 Øre, 1, 2, 5, 10 und 20 Kronen. Die Banknoten werden in Scheinen zu 50, 100, 200, 500 und 1000 dänische Kronen ausgegeben. Es ist empfehlenswert, auch Bargeld mitzunehmen, weil nicht jedes Restaurant deine EC- oder VISA-Karte akzeptiert. Bei Bankautomaten (aber wirklich nur zu Automaten gehen, die eindeutig zu einer Bank gehören) kannst du relativ günstig mit deiner Karte Kronen abheben. Die Kosten pro Abhebung erfrage vorher bei deiner Bank oder Kreditkartenanbieter und überprüfe die Kosten bei der dänischen Bank. Günstiger sind höhere Abhebungsbeträge anstatt mehrere kleinere.

Julenisse

Was im Schwarzwald die Kuckucksuhren oder an der Nordsee die Segelschiffe in der Flasche sind, sind in Dänemark zur Weihnachtszeit die Julenisse. Sie sind niedliche kleine Wichtel mit roten Mützen und langem Bart.

Weitere Fun Facts

Für die Öresund Brücke zwischen Kopenhagen und Malmö wurde eine künstliche Insel angelegt, um in einen Tunnel überzuführen. Dort wurde mit Absicht nichts angepflanzt, um die Entwicklung von Flora und Fauna der Natur zu überlassen. Mittlerweile gibt es dort über 450 verschiedenen Pflanzenarten, zirka 10 Vogelarten und seltene Spinnen.

Bluetooth, die direkte Verbindung zweier Geräte, wurde benannt nach dem König Harald Blootouth, Blauzahn. Es ist ihm gelungen, verfeindete Gebiete von Norwegen und Dänemark zu befrieden. Das Logo setzt sich aus den nordischen Runen seiner Initialen zusammen.

IKEA benennt seine Sofas, Couchtische, Bücherregale und Medienschränke und Türgriffe nach schwedischen Orten. Betten, Kleiderschränke und Flurmöbel nach norwegischen Orten und Teppiche, Esszimmermöbel nach Orten in Dänemark.

NIEDERLÄNDISCH
Lernen mal anders

Die 100 wichtigsten Vokabeln
für
Reisende
Abenteurer
Digitale Nomaden
Sprachenbegeisterte

SPRACHEN
Lernen mal anders

Niederländisch Einleitung

Die fünf wichtigsten Wörter

Hallo

Tschüss

Entschuldigung

Wie viel kostet?

Danke

„Hallo" heißt auf Niederländisch *„Halou* – **Hallo"** und unterscheidet sich nur in der Aussprache zur deutschen Übersetzung. Unter Freunden/Bekannten begrüßt man sich wie im Deutschen mit „Hey – *hej* – **Hé"** oder „Hi – *hooi* – **Hoi"**.

Zur Verabschiedung genügt ein *„dach* – **Dag!"** → „Einen schönen Tag wünsche ich dir." Umgangssprachlich wird auch häufig „Ciao – *dui* – **Doei!"** benutzt.
„het beßtə – **Het beste!"** heißt „Mach's gut!".

Zur Entschuldigung benutze ein einfaches *„ekßküß* – **excuus"** (engl. excuse), alternativ *„***pardon"**.

Auf dem Markt brauchst du *„wat kost/en*? – **Wat kost/en...?"**, um den Preis zu erfragen (Was kostet/kosten...?).

Niederländisch

Ein freundliches *„dank jə –* **dank je**" oder *„dank ü well –* **dank u wel**" oder *„bedankt –* **bedankt**" als „Danke" zum Marktverkäufer rundet dein erstes Wissen über die wichtigsten fünf Wörter ab.

„**u**" wird beim Siezen verwendet, „**je**" beim Duzen. Während sich in den skandinavischen Ländern fast immer geduzt wird, beginne in den Niederlanden mit „Sie" (außer bei jungen Leuten) und gehe zum „Du" über, wenn der Gegenüber es auch tut.

Das Wort „bitte – *alstübli:ft* – **alstublieft**" ist vielleicht nicht überlebensnotwendig, sollte bei diesem höflichen Volk aber dennoch zum Grundwortschatz gehören.

→ **„Een koffie, alstublieft!"**

Aussprache und Lautschrift

- Deutsch in Normaldruck,
- die Lautschrift in *kursiv* (wobei die <u>zu betonende Silbe</u> unterstrichen wird) und
- das geschriebene Fremdwort in Fettdruck.

Wir bedienen uns einer eigens entwickelten, stark vereinfachten Lautschrift:

ɔ in unserer Lautschrift ist ein offenes o wie in:

Moor – *mɔ:r* – **moor**

ng (ŋ) in unserer Lautschrift klingt wie:

Gesangsverein – *singende klübb* – **zingende club**
Ding – *ding* – **ding**

Das umgedrehte ə ist das nach unten abfallende e wie in Matte, Kette...

Niederländisch

Ein besonders kurz gesprochener Vokal wird mit nachfolgendem doppelten Konsonanten verdeutlicht. Genauso wie im Deutschen „Null – *null* – **nul**".

Der Doppelpunkt **:** in der Lautschrift bedeutet, dass der Vokal lang gesprochen wird.

ch wird meist kehlig wie in „Dach" oder „lachen" gesprochen.

r wird von vielen leicht gerollt.

s wird je nach Wort als *ß* wie in „Straße" gesprochen oder als *s* wie in „Sonne".

-en am Ende eines Wortes wird wie *ə* in „Matte" gesprochen:

sprechen – *ß<u>prej</u>kə(n)* – **spreken**
(im Norden des Landes mit einem deutlich gesprochenen *n*)

oe wird wie das deutsche *u* gesprochen.

u wird wie das deutsche *ü* gesprochen.

ij wird wie das deutsche *ei* gesprochen.

Wie funktionieren unsere Lernhilfen?

Vielleicht hast du das Wort für „Tschüss – *dach* – **Dag**" alleine vom Sehen (visueller Lerntyp) oder Hören (auditiver Lerntyp) im Gedächtnis verankert, vielleicht brauchst du aber auch eine Lernhilfe.

Was zeichnet eine Lernhilfe aus? Sie kann z.B. logisch erklärt sein mittels Herleitung der Stammsilbe, sie kann auf einer ähnlichen Vokabel im Englischen beruhen, sie kann mit der Schlüsselwortmethode arbeiten oder auch einfach nur verrückt und witzig sein.

Das Wort „**Dag!**" für „Tschüss!" klingt ausgesprochen genauso wie das deutsche Wort „Dach". Verabschiede dich von dem Handwerker, der gerade auf deinem Dach steht, um es zu reparieren. Du winkst ihm zu und rufst „**Dag!**". Füge noch ein „**Val niet van het dak!** – Fall nicht vom Dach!" hinzu. Die logische Herleitung zu „**Dag!**" wäre einen schönen Tag zum Abschied zu wünschen.

Das Wort „**wat**" und „**kost**" ist klangähnlich zur deutschen Übersetzung „was" und „kostet" und klingt sogar wie ein deutscher Dialekt.

Niederländisch

Die folgenden Themen-Kapitel starten jeweils mit einer Vokabelliste mit zwischen 6 und 13 Wörtern. Danach folgen Beispielsätze und Redewendungen, die alle Vokabeln aus der vorherigen Liste enthalten. Hierbei findest du die Lautschrift in der zweiten Zeile in Kursivdruck.

Schwierige Wörter, die nicht klangähnlich zur deutschen Übersetzung sind, werden im Weiteren mit einer Lernhilfe (LH:) ausgestattet. Zusätzlich findest du in den einzelnen Kapiteln spannende Fun Facts und die wichtigste Grammatik.

Los geht's mit dem ersten Thema. Du befindest dich in einer Bar in Amsterdam und möchtest gerne etwas zu trinken bestellen.

> Viel Spaß! – *vel pleschi:r* – **Veel plezier!**

Thema Bar

1. **de bar** – *bar*	die Bar
2. **ik heb** – *ik heb*	ich habe
3. **de dorst** – *dorst*	der Durst
4. **drinken** – *drinken*	trinken
5. **de thee** – *tej*	der Tee
6. **het water** – *het water*	das Wasser
7. **of** – *of*	oder
8. **de koffie** – *kofi*	der Kaffee
9. **met** – *met*	mit
10. **de suike**r – *saüker*	der Zucker
11. **waar** – *wa:r*	wo
12. **het toilet** – *toilät*	die Toilette

Ich habe Durst.
Ik heb dorst.
Ik heb dorst.

Trinkst du Tee, Wasser oder Kaffee?
Drink jə tej, water of kofi?
Drink je thee, water of koffie?

Ich trinke einen Kaffee mit Zucker.
Ik drink en kofi met säiker.
Ik drink een koffie met suiker.

Wo ist die Toilette?
War is hät toilät?
Waar is het toilet?

Fun Fact
In den Niederlanden sind öffentliche Toiletten nicht sehr verbreitet. „**Wildplassen**" ist aber ein Vergehen und wird mit Bußgeld bestraft. Nutze die Toiletten in einem Restaurant oder Warenhaus. Für Hundebesitzer gibt es Automaten mit Plastiktüten zur Beseitigung des „**hondenpoep**". Bei Nichtbefolgung drohen auch hier deftige Bußgelder für Herrchen und Frauchen.

Thema Bar

Personalpronomen

Zusätzlich zu den formellen Personalpronomen gibt es für „du", „sie" und „wir" noch eine umgangssprachliche, verkürzte Form (**je, ze, we**):

ich	*ik*	ik
du	*jej (jə)*	jij (je)
er/sie/es	*hej/sej (sə)/het*	hij/zij/het (ze)
wir	*wej (wə)*	wij (we)
ihr	*jülli*	jullie
sie	*sej (sə)*	zij (ze)

Das deutsche „Sie" wird mit „*ü* – **u**" übersetzt.

Verb trinken – **drinken**

ich trinke	*ik drink*	ik drink
du trinkst	*jej drinkt*	jij drinkt
er/sie/es trinkt	*hej/sej/het drinkt*	hij/zij/het drinkt
wir trinken	*wej <u>drink</u>ə*	wij drinken
ihr trinkt	*jülli <u>drink</u>ə*	jullie drinken
sie trinken	*sej <u>drink</u>ə*	zij drinken

Niederländisch

Verb haben – **hebben**

ich habe	*ik heb*	**ik heb**
du hast	*jej hebt*	**jij hebt**
er/sie/es hat	*hej/sej/het hejft*	**hij/zij/het heeft**
wir haben	*wej hebbə*	**wij hebben**
ihr habt	*jülli hebbə*	**jullie hebben**
sie haben	*sej hebbə*	**zij hebben**

Groß- und Kleinschreibung

Bis auf den ersten Buchstaben im Satz und Eigennamen wird alles kleingeschrieben.

Fun Fact

In Breda findet jährlich am ersten Septemberwochenende das International Redhead-Festival statt. Dort treffen sich alle Rothaarigen zum Feiern.

Artikel

Im Niederländischen gibt es nur zwei bestimmte Artikel:

Das sächliche **het** entspricht dem deutschen „das" und **de** entspricht sowohl dem männlichen „der" als auch dem weiblichen Artikel „die". Du kannst dich an den deutschen Artikeln orientieren.

Mit den unbestimmten Artikeln ist es sogar noch einfacher, denn es existiert nur einer: **een**

Plural

Die meisten Wörter bilden den Plural mit -en:

ein Fahrrad	e:n fi:tß	een fiets
Fahrräder (auch: Fahrrad fahren)	fi:tßən	fietsen
ein Kind	e:n <u>kind</u>ər	een kind
Kinder	<u>kind</u>ərən	kinderen
die Düne	de daün	de duin
Dünen	<u>daün</u>ən	duinen

Niederländisch

Wörter, die auf eine Silbe mit einem stummen -e enden (**en**, **er**, **el**...), bilden den Plural mit einem angehängten -**s**:

das Hotel	*het hotəl*	het hotel
Hotels	*hot<u>e</u>lß*	hotels
die Tochter	*de d<u>o</u>chdər*	de dochter
Töchter	*d<u>o</u>chdərß*	dochters

Wörter, die auf einen Vokal enden, bilden den Plural mit einem Apostroph und einem **s**:

mango's, avocado's, foto's, kano's (Kanus)

Ausnahme ist das stumme **-e** (gesprochen *ə)* am Ende, hierbei wird auf den Apostroph verzichtet und nur das **-s** angehängt:

die Periode	*de peri<u>o</u>də*	de periode
Perioden	*peri<u>o</u>dəß*	periodes
die Diagnose	*de diachn<u>ou</u>ßə*	de diagnose
Diagnosen	*diachn<u>ou</u>ßes*	diagnoses

Thema Weg

13. **rivier** – *riwji:r*	Fluss
14. **dichtbij** – *dichtbäj*	nah, nah bei
15. **gaan** – *ga:n*	gehen
16. **links** – *linkß*	links
17. **en** – *en*	und
18. **rechtdoor** – *rechtdo:r*	geradeaus
19. **nee** – *nej*	nein
20. **weg** – *wäch* (*ch* wie Dach)	Weg
21. **naar** – *na:r*	nach/zur
22. **brug** – *bruch*	Brücke
23. **rechts** – *rechts*	rechts
24. **Kom!** – *komm!*	Komm!

Der Fluss ist in der Nähe.
de riwji:r iß dichtbäj.
De rivier is dichtbij.

Wir gehen links und dann geradeaus.
we chaan linkß en dann rechtdo:r.
We gaan links en dan rechtdoor.

Niederländisch

Nein, der Weg zur Brücke führt nach rechts.
nej, de wäch na:r de bruch laid na:r rechts.
Nee, de weg naar de brug leidt naar rechts.

Hier entlang, komm!
dejßə ka:nt, komm an!
Deze kant, kom aan!

Fluss – *riwji:r* – **rivier**

LH: *engl.* **river**

geradeaus – *rechtdo:r* – **rechtdoor**

LH: *Nimm die* **rechte** *Tür und dann nur noch geradeaus zum Ziel.*

Fun Fact

In Geldrop gibt es ein Viertel, dessen Straßennamen den Tolkien-Büchern entnommen sind: Gandalf, Aragorn, Frodo, Peregrin, Meriadoc, Galadriel, Arwen, Elrond, Eomer, Eowijn, Boromir, Theoden, Celeborn, Lorien, Nimrodel, Denethorn, Thorin, Balin, Bombur, Ori, Fangorn...

Pronomen (besitzanzeigend)

Das ist mein Koffer.
dit is mein koffər.
Dit is mijn koffer.

Das ist deine Chance.
dit is jə ka:ns.
Dit is je kans.

Es ist sein Auto.
het is sajn auto.
Het is zijn auto.

Hier ist unser Caravan.
hi:r is onßə karəwä:n.
Hier is onze caravan.

Wo ist euer Freund?
wa:r is jə fri:nd?
Waar is je vriend?

Das sind ihre Tomaten. (3. Person Plural)
dit sajn hun toma:tən.
Dit zijn hun tomaten.

Fun Fact

Die Niederlande bestehen aus 12 Provinzen. In Noord-Holland und Zuid-Holland kannst du die Leute Holländer nennen. In Utrecht, Gelderland, Noord-Brabant, Overijssel, Flevoland, Drenthe, Friesland, Groningen, Limburg und Zeeland wird das nicht gerne gehört.

Jede dieser Provinzen hat ihre eigene Landschaft und Atmosphäre. Etwas Besonderes sind u.a. die Seen in Friesland, die Dolmen in Drenthe und das Naturschutzgebiet De Biesbosch in Noord-Brabant.

Thema Familie

25. **familie** – *famili:*	Familie
26. **ja** – *ja*	ja
27. **vrouw** – *frau*	Frau
28. **man** – *mann*	Mann
29. **klein** – *klein*	klein
30. **kind** – *kind*	Kind
31. **huis** – *haüß*	Haus

Hast du Familie?
hew jə e:n famili:/gesinn?
Heb je een familie/gezin?

Ja, eine Frau/einen Mann und ein kleines Kind.
ja, e:n frau/mann en e:n klein kind.
Ja, een vrouw/man en een klein kind.

Wir leben in einem Haus.
we lejwen in e:n haüß.
We leven in een huis.

Niederländisch

Die Niederländer legen Wert auf Höflichkeit und Pünktlichkeit. Benutze die Wörter:

Bitte – **alstjeblieft**
Danke schön – **dank u wel**
Gern geschehen – **Graag gedaan!**
Herzlichen Glückwunsch! – **Van harte!**
Gesundheit!/Prost! – **Proost!**
Gute Besserung! – **(Veel) Beterschap!**

Das ist meine Frau/Mann/Partner/Freund/in.
dit is mejn frau/mann/<u>partnər</u>/frint/frindin.
Dit is mijn vrouw/man/partner/vriend/in.

Verb sein – zijn im Präsens (Gegenwart)

ich bin	*ik benn*	ik ben
du bist	*jə bent*	jij/je bent
er/sie/es ist	*hej/sej/het is*	hij/zij/het is
wir sind	*wej sain*	wij zijn
ihr seid	*jülli sain*	jullie zijn
sie sind	*sej sain*	zij zijn

Beispielsätze

Ich bin glücklich.
ik ben <u>chel</u><u>ü</u><u>kech</u>. (ch wie in Dach)
Ik ben gelukkig.

Du bist süß.
je bent <u>srat</u>tech.
Je bent schattig.

Er ist groß.
hejiß gro:ut.
Hij is groot.

Niederländisch

Sie ist schön.
sə iß mo:i.
Ze is mooi.
LH: schön – **mooi** → **Moin**, moin, so ein schöner Morgen.

Es ist wichtig.
Het iß be<u>lang</u>raik.
Het is belangrijk.
LH: wichtig – **belangrijk** → ähnlich **belangreich**
Es ist von (reichem) Belang.

Wir sind hier.
wej sain hi:r.
We zijn hier.

Ihr seid die Besten.
<u>Jü</u>lli sein de <u>beß</u>tə.
Jullie zijn de beste.

Sie sind sehr nett. (3. Person Plural)
sej sain ärch <u>a:</u>rdich. (ch wie in Dach)
Zij (ze) zijn erg aardig.
LH: sehr nett – erg aardig → **arg artig**

Die Verwandtschaftsbezeichnungen

sind ähnlich dem Deutschen und leicht zu lernen.

Vater	_wadər_	**vader**
Mutter	_mudər_	**moeder**
Großmutter	_chro:dmudər_	**grootmoeder**
Großvater	_chro:dvadər_	**grootvader**
Onkel	_ɔm_	**oom**
Tante	_tantə_	**tante**
Cousin/e, Neffe	_ne:f_	**neef**
Nichte	_nichd_ (ch wie in Dach)	**nicht**
Schwiegermutter	_schounmɔdər_	**schoonmoeder**
Schwiegervater	_schounwadər_	**schoonvader**
Eltern	_auders_	**ouders**
Sohn	_soun_	**zoon**
Tochter	_dochdər_	**dochter**
Schwester	_süstər_	**zuster**
Bruder/Geschwister	_bru:r_	**broer**

Niederländisch

Thema Restaurant

32. **willen** – _willə_	wollen
33. **eten** – _ejtə_	essen
34. **erg veel** – _ärch fe:l_	sehr viel
35. **honger** – _hongər_	Hunger
36. **Wat is er?** – _wat is er?_	Was gibt es?
37. **restaurant** – _reßtorant_	das Restaurant
38. **vis** – _fiß_	der Fisch
39. **zout** – _ßalt_	das Salz

Willst du essen?
will jə ejtə?
Wil je eten?

Ich habe viel Hunger.
ik heb ärch fe:l hongər.
Ik heb erg veel honger.

Ich bin hungrig.
ik heb hongər.
Ik heb honger.

Niederländisch

Was gibt es in diesem Restaurant?
wat is er in dit reßtau<u>rant</u>?
Wat is er in dit restaurant?

Es gibt Fisch mit Salz.
er sain <u>fiß</u>ßən met saut.
Er zijn vissen met zout.

Fun Fact

In den **Eethuisjen** gibt es eine kleine Speisekarte. Hier findest du die berühmten **pannenkoeken** oder die **soep van de dag**. Im **Poffertjeskraam** auf den Marktplätzen gibt es **poffertjes**, das sind kleine Pfannkuchen in vielen Varianten.

Gastronomie in den Niederlanden

Guten Appetit!
smak͟elejk ej͟tə!
Smakelijk eten!
LH: schmecken

Einen Tisch für ... Personen, bitte!
e:n taf͟əl fo:r ... perß͟ounə, alßtöbli:͟ft.
Een tafel voor ... personen, alstublieft.

LH: Bau dir in deiner Fantasie einen Tisch aus einer Schul**tafel**.

Ist dieser Tisch frei?
is dej͟sə taf͟əl fraj?
Is deze tafel vrij?

Ich nehme... /Für mich gerne...
fo:r mej chra:ch...
Voor mij graag...

Nein, danke (Ihnen).
ne: dank ü.
Nee dank u.

Haben Sie auch ein vegetarisches Gericht?
he:ft ü e:n wechətar͟is cherä:͟cht/mən͟ü?
Heeft u een vegetarisch gerecht/menu?

Niederländisch

Wir hätten gerne noch...
we hadə chra:ch noch...
We hadden graag nog...

Ich hätte gerne...Ich möchte...
ik had chra:ch...
Ik had graag...

Ich bin allergisch gegen...
ik ben alärchis vo:r...
Ik ben allergisch voor...

Wie viel macht das? Wie viel kriegen Sie von mir?
hufe:l kreicht ü fan mə?
Hoeveel krijgt u van me?

> **Fun Fact**
> In einer Gruppe im Lokal wird nicht einzeln bezahlt. Entweder werden Runden spendiert, die der Gast sofort an der Theke oder beim Kellner bezahlt oder das Geld im Restaurant wird einzeln eingesammelt und dann gemeinsam bezahlt.

50 Verben, Infinitiv, Präteritum, Partizip

Wenn du für das Präteritum im Plural ein **-en** an den Singular anhängst, passt es oft:

ich arbeite	**ik werk**
ich arbeitete	**ik werkte**
wir arbeiteten	**we werkten**

Das Partizip Perfekt wird wie im Deutschen mit dem Hilfsverb „sein" oder „haben" gebildet + dem Partizip:

ich habe gearbeitet – **ik heb gewerkt**
ich bin geradelt – **ik heb gefietst**

Wie bildest du das Partizip?

Ähnlich wie im Deutschen! Als Vorsilbe kommt ein **ge-** vor den Stamm des Verbes und angehängt wird bei den regelmäßigen Verben ein **-t** oder **-d**:

gearbeitet – **gewerkt**

Bei den unregelmäßigen ein **-en** (gelaufen – **gelopen**). Hier ändert sich noch etwas anderes am Wort (gefunden – **gevonden**). Besitzt das Verb eine der Vorsilben **be-**, **er-**, **ge-**, **her-**, **ont-** oder **ver-** wird kein **ge-** vorangestellt (bestellen – **besteld**). Würde auch sonderbar klingen.

Niederländisch

Für deutsche Ohren klingt folgendes sonderbar. Verben, die auf -**eren** enden, bilden ihr Partizip Perfekt auch mit der Vorsilbe **ge-**:

studieren – **studeren** → **ik heb gestudeerd**
reparieren – **repareren** → **ik heb gerepareerd**

Übe mit den folgenden regelmäßigen und unregelmäßigen Verben das Konjugieren sowohl im Präsens als auch im Präteritum und im Perfekt mit den passenden Hilfsverben „sein" und „haben".

Wie bildest du das Präsens?

Im Infinitiv enden die Verben meist auf -**en**. Du hast also einen Wortstamm + -**en** (**help-en**). In der 1. Person Singular bleibt es beim Wortstamm (**ik help**), die 2. und 3. Person Singular bekommt ein -**t** an den Wortstamm (**jij/je helpt** und **hij/zij/het helpt**). Im gesamten Plural wird der Infinitiv verwendet (**helpen**).

Bei der Sie-Form wird die 3. Person Singular genommen (Sie helfen – **u helpt**). Eigentlich ganz einfach und Fehler bei den unregelmäßigen Verben werden dir die Einheimischen verzeihen.

Thema Restaurant

arbeiten	werken, werkte, gewerkt
beginnen	beginnen, begon, begonnen
bleiben	blijven, bleef, gebleven
bringen	brengen, bracht, gebracht
denken	denken, dacht, gedacht
dürfen	mogen, mocht, gemogen
essen	eten, at/aten, gegeten
fahren (Schiff)	varen, voer, gevaren
fallen	vallen, viel, gevallen
finden	vinden, vond, gevonden
fragen	vragen, vroeg, gevraagd
gehen/laufen	lopen, liep, gelopen
gehen	gaan, ging, gegaan
genießen	genieten, genoot, genoten
gewinnen	winnen, won, gewonnen
haben	hebben, had, gehad
heißen	heten, heete, geheten
helfen	helpen, hielp, geholpen
hören	horen, hoorde, gehoord

Niederländisch

kaufen	kopen, kocht, gekocht
können	kunnen, kon/konden, gekund
kommen	komen, kwam/kwamen, gekomen
lassen	laten, liet, gelaten
lesen	lezen, las/lazen, gelezen
machen	maken, maakte, gemaakt
müssen	moeten, moest
reisen	reizen, reisde, gereisd
rufen	roepen, riep, geroepen
sagen	zeggen, zei, gezegd
schauen	kijken, keek, gekeken
schneiden	snijden, sneed, gesneden
schreiben	schrijven, schreef, geschreven
schwimmen	zwemmen, zwom, gezwommen
sehen	zien, zag/zagen, gezien
senden	zenden, zond, gezonden
sitzen	zitten, zat/zaten, gezeten

Thema Restaurant

sollen	zullen, zou/zouden
stechen	steken, stak/staken, gestoken
stehen	staan, stond, gestaan
suchen	zoeken, zocht, gezocht
tragen	dragen, droeg, gedragen
tun	doen, deed/deeden, gedaan
vergessen	vergeten, vergat/en, vergeten
verlieren	verliezen, verloor, verloren
warten	wachten, wachte, gewacht
waschen	wassen, waste, gewassen
werden	worden, werd, geworden
wissen	weten, wist, geweten
wohnen	wonen, woonde, gewoond
wollen	willen, wilde, gewilt

Niederländisch

Thema See

40. **slaap** – *ßla:p*	schlafen
41. **meer, zee** – *mä:r, se:*	der See, die See (das Meer)
42. **nachts, nacht** – *nachts, nacht*	nachts, Nacht
43. **een beetje** – *e:n be:tje*	ein bisschen, etwas
44. **koud** – *kald*	kalt
45. **berg** – *bärch*	Berg
46. **ster** – *ßtär*	Stern

Ich schlafe nachts am See.
ik sla:ps nachts a:net mä:r.
Ik slaap 's nachts aan het meer.

Es ist ein bißchen (etwas) kalt.
hät is e:n be:tje kaud.
Het is een beetje koud.

Über dem Berg leuchtet (scheint) ein Stern.
bouwə de bärch schaint e:n ßtär.
Boven de berg schijnt een ster.

Niederländisch

Fun Fact

Die niederländische Sprache ist sehr bilderreich. Willst du sagen „das geht dich nichts an, misch dich da nicht ein" sagen die Niederländer **„blijf met de klompen van het ijs** – bleib mit den Holzschuhen vom Eis". **„De bal is rond** – der Ball ist rund" bedeutet: Es ist ungewiss, wie es ausgeht.

Präpositionen

aan – an, am, zu
Ich sitze am Tisch.
Ik zit aan de tafel.

achter – hinter
Hinter der Kirche.
Achter de kerk.

bij – bei
Ich bleibe bei dir.
Ik blijf bij jou.

binnen – innerhalb, drinnen
Innerhalb der Zeit.
Binnen de tijd.

buiten – außerhalb, draußen
Außerhalb des Ortes.
Buiten het resort.

door – von, durch, wegen
durch den Tunnel
door de tunnel

Niederländisch

in – in, im
im Apartment
in het appartement

uit – aus
Ich komme aus München.
Ik kom uit München.

met – mit
Kommst du mit uns?
Kom je met ons mee?

na – nach
Nach der Reise...
Na de reis...

naar – (Richtung) in, zu, nach, an
Ich fahre nach Amsterdam.
Ik rij naar Amsterdam.

naast – neben
neben dem Fenster
naast het raam

om – um
um 12 Uhr
om 12 uur

onder – unter
unter der Brücke
onder de brug

op – auf, am
Ich sitze auf dem Rand des Schwimmbeckens.
Ik zit op de rand van het zwembad.

auf der Straße
op straat

over – über
über dem Horizont
over de horizon

sinds – seit
es regnet seit gestern
het regent sinds gisteren

te – zu
zu viel
te veel

zu vermieten
te huur

Niederländisch

tot – bis, zu
Zu welcher Gruppe gehörst du?
Tot welke groep behoor jij?

voor – vor, für
Vor dem Haus...
Voor het huis...

zonder – ohne
ohne mich
zonder mij

Verkleinerungsform -je, -pje, -tje, -etje

Niederländer lieben die Verkleinerungsform:

der Baum	de boom
das Bäumchen	het boompje

Manchmal verändert sich die Bedeutung:

die Süßigkeit	de snoep
das Bonbon	het snoepje

die Schachtel	de doos
die Dose	het doosje

die Landkarte	de kaart
die Eintrittskarte	het kaartje

das Telefon	de telefoon
der Anruf	het telefoontje

der Kopf	de kop
die Tasse	het kopje

Niederländisch

Es gibt sogar Wörter, die nur noch in dieser Form existieren:

das Märchen	**het sprookje**
das Dessert	**het toetje**
der Zehn-Euro-Schein	**het tientje**

Thema Medizin

47. **Goede dag!** – *chu:de da:ch!*	Guten Tag!
48. **Pardon!** – *par<u>don</u>!*	Pardon! Entschuldigung!
49. **dokter** – *<u>dok</u>ter*	Arzt, Ärztin, Doktor
50. **ziek** – *ßi:k*	krank
51. **nodig hebben** – *n<u>o</u>dich h<u>eb</u>bə*	brauchen
52. **hulp** – *hülp*	Hilfe
53. **medicijnen** – *mediß<u>ai</u>nen*	Medizin, die Medikamente

Guten Tag, Entschuldigung, wo ist ein Arzt?
Hal<u>o</u>, chu:də da:ch, par<u>don</u>, wa:r is e:n doktör?
Hallo, *Goede dag*, pardon, waar is een dokter?

Ich bin krank und habe (brauche) Hilfe und Medizin nötig.
ik ben ßi:k en heb hülp en mediß<u>ai</u>n n<u>o</u>dich.
Ik ben ziek en heb hulp en medicijnen nodig.

krank – *ßi:k* – **ziek**

LH: engl. **sick** — krank
„Wenn ich krank bin, **zicke** ich gerne rum."

Niederländisch

Verb brauchen, nötig haben – **nodig hebben**

Du brauchst mehr Geld.
je hebt me:r cheld n<u>o</u>dich.
Je hebt meer geld nodig.

Sie braucht Urlaub.
sə häjft wa<u>kant</u>si: n<u>o</u>dich.
Ze heeft vakantie nodig.

Wir brauchen dich.
we <u>hebb</u>ə jə n<u>o</u>dich.
We hebben je nodig.

Ihr braucht ein gutes Auto.
<u>jü</u>lli <u>hebb</u>ə e:n <u>chu:</u>də auto n<u>o</u>dich.
Jullie hebben een goede auto nodig.

Thema Supermarkt

54. **supermarkt** – _supermarkt_	Supermarkt
55. **levensmiddele** – _lejwenßmidelə_	Lebensmittel
56. **vlees** – _fle:ß_	Fleisch
57. **groenten** – _chuntə_	Gemüse
58. **fruit** – _fraüt_	Früchte, Obst
59. **brood** – _broud_	Brot
60. **duur** – _du:r_	teuer
61. **ik koop** – _ik kopp_	ich kaufe
62. **meer** – _me:r_	mehr

Im Supermarkt gibt es Lebensmittel wie Fleisch, Gemüse, Obst (Früchte) und Brot.

in de supermarkt sain er lejwenßmidelə ßoualß flejß, chuntə, fraüt en broud.

In de supermarkt zijn er levensmiddelen zoals vlees, groenten, fruit en brood.

Das Fleisch ist teuer, also kaufe ich mehr Brot.

het flejß is du:r, duß kopp ik me:r broud.

Het vlees is duur, dus koop ik meer brood.

Niederländisch

Gemüse – _chuntə_ – **groenten**

LH: Im geschriebenen Wort steckt **grün** drin.

teuer – _du:r_ – **duur**

LH: Eine **Dürre** verteuert die Lebensmittelpreise.

> **Recycling in den Niederlanden**
>
> Recycling wird in den Niederlanden groß geschrieben. Es gibt Glascontainer – **glasbakken**, Papiercontainer – **papierbakken**, einen grünen **groenbak** für Bioabfälle und einen grauen **grijsbak** für Restmüll. Beim Kauf von Glas- und Plastikflaschen wird **statiegeld** kassiert, das man als **bonnetje** zurückerhält und an der Kasse oder beim **klantenservice** einlösen kann.

Thema Supermarkt

Fragewörter

was – *wat*	**wat**
Was machen wir heute? – *wat du:n we wandach?*	**Wat doen we vandaag?**
Was möchtest/willst du haben/trinken/essen/wissen? – *wat will je/ drinkə/ätə/wätə?*	**Wat wil je/drinken/eten/ weten?**

wer – *wi:*	**wie**
(Vorsicht falsche Freunde: Wer heißt „*wi:* – **wie**" und wie heißt „*hu* – **hoe**")	
LH: „**Wer** hat **wie** diesen Blödsinn (Wand besprüht) gemacht?" und „Wie hat Hugo die Farbe wieder entfernt?"	
Wer ist das? – *wi: is dat?*	**Wie is dat?**
Wer geht mit? – *wi: cha:t mej?*	**Wie gaat mee?**

wann – *wanne:r*	**wanneer**
Wann kommst du? – *wanne:r komm je?*	**Wanneer kom je?**

Niederländisch

Wann gehst du nach Hause? – *wanne:r cha jə na:r haüß?*	**Wanneer ga je naar huis?**
wo – *wa:r*	**waar**
Wo wohnst du? – *wa:r wo:n jə?*	**Waar woon je?**
Wo bist du? – *wa:r ben jə?*	**Waar ben je?**
warum – *warɔm*	**waarom**
Warum fragst du? – *warɔm fra:g jə dat?*	**Waarom vraag je dat?**
Warum nicht? – *warɔm ni:t?*	**Waarom niet?**
wie – *hu*	**hoe**
Wie geht es dir? – *hu ga:t het met jə?*	**Hoe gaat het met je?**
Wie alt bist du? – *hu ould ben jə?*	**Hoe oud ben je?**
Wie lange…? – *hu lang…?*	**Hoe lang…?**
Wie viel? – *huwell?*	**Hoeveel?**

Einkaufen in den Niederlanden

Verbreitet sind hier die Supermärkte Albert Heijn und Jumbo. Außerdem gibt es auch Aldi und Lidl mit einem anderen Sortiment als in Deutschland. Allgemein sind Lebensmittel hier fast immer teurer, besonders Fleisch und fertige Salate. Es gibt viel mehr abgepackte und klein geschnittene Lebensmittel als bei uns. Das Brotsortiment besteht zum größten Teil aus Toastsorten.

Früher besaßen die Niederländer viele Kolonien. Ob New Amsterdam (das heutige New York), Südafrika oder auch Suriname. Mit den Einwanderern aus diesen Ländern kamen auch deren Spezialitäten ins Land. Heute gibt es in den Supermärkten, Bistros und Restaurants viele indonesische Gerichte.

Wie in Skandinavien wird auch hier meist mit Karte bezahlt. Bei Barzahlung werden die Beträge auf 5 Cent auf- bzw. abgerundet.

Fun Fact

Neben den Amerikanern und Finnen haben die Niederländer einen hohen Zuckerkonsum. Beim Frühstück beginnt es mit süßen Aufstrichen. Sie lieben **drop**, das ist Lakritz, **koekjes** – Kekse und **chocola**.

Thema Strand

63. **vandaag** – *wanndach*	heute
64. **warm** – *warm*	warm
65. **dag** – *dach*	Tag
66. **strand** – *ßtrand*	Strand
67. **voldoende** – *wolldundə*	genug
68. **zon** – *sonn*	Sonne
69. **geweldig** – *cheweldich*	toll, super

Es ist ein warmer Tag heute.
het is e:n warmə dach wanndach.
Het is een warme dag vandaag.

Ich bin am Strand und es gibt genug Sonne. Toll!
ik ben op het ßtrand en er is chenuch sonn. Grejt!
Ik ben op het strand en er is genoeg zon. Great!

heute – *wanndach* – **vandaag**
LH: **Wanda** kommt am heutigen **Tag**

Niederländisch

Bindewort (Konjunktion)

oder	ɔw	of
aber	ma:r	**maar**
auch	ouk	**ook**
nur	a<u>lej</u>n	**alleen**
also	düß	**dus**
als (bei Vergleich)	dann	**dan**
dass	dat	**dat**
seit	ßindß	**sinds** (engl. since)
weil	ɔmdat	**omdat**
wenn, falls	alß	**als**

Fun Fact

Nicht nur der Strand ist für Kinder geeignet. Ganz Niederland ist sehr kinderfreundlich. Man findet viele gute Spielplätze, Streichelzoos, Vergnügungsparks und Vergünstigungen für Kinder. Es gibt liebevoll gemeinte Begriffe für Kind wie **peuter** (1-3 Jährige), **kleuter** (4-6 Jährige), **schatje** oder kleine **rakker**.

Thema Post

70. **volgende** – <u>fol</u>chendə	nächste(r,s), folgende
71. **postkantoor** – <u>poß</u>tkanto:r	Post
72. **ik wil** – *ik will*	ich will
73. **grote** – *<u>chro</u>tə*	groß
74. **brief** – *bri:f*	Brief
75. **alstublieft** – *alßtö<u>bli:ft</u>*	bitte
76. **wanneer** – *wan<u>ne:r</u>*	wann, wenn
77. **traag** – *tra:ch*	langsam
78. **hier** – *hir*	hier
79. **geld** – *cheld*	das Geld

Niederländisch

Wo ist die nächste Post?
war is het <u>folchend</u>ə <u>poßt</u>kanto:r?
Waar is het volgende postkantoor?

Ich will einen großen Brief versenden, bitte.
ik will e:n <u>chrot</u>ə bri:f ßtu:rə, alßtö<u>bli:ft</u>.
Ik wil een grote brief sturen, alstublieft.

Wann kommt er an?
wan<u>ne:r</u> kommt hej a:n?
Wanneer komt hij aan?

Die Post ist langsam.
de poßt is tra:ch.
De post is traag.

Hier ist das Geld.
hi:r is het cheld.
Hier is het geld.

bitte – *alßtö<u>bli:ft</u>* – **alstublieft**

LH: *Das **u** in der Mitte ist das förmliche* **Sie**. *„alsjeblieft" mit dem „**je** – du" wird beim Duzen benutzt. Teilen wir dieses etwas schwierige Wort in zwei Teile: „**alsje**" heißt „wie du", „**blieft**" heißt „ebenfalls, bitte" und erinnert an engl. „**please**".*

langsam – *tra:ch* – **traag**

LH: **träge**

Es wird gerne gesehen, wenn du in einer z.B. englisch geschriebenen Mail einige Brocken der Landessprache einfließen lässt.

Geachte dames en heren,

...

Met vriendelijke groet

Steigerung und Vergleich

Steigerungen werden mit **-er** und **-st** gebildet:

klein	**klein**	kleiner	**kleinst**
neu	**nieuw**	nieuwer	**nieuwst**
teuer	**duur**	duurder	**duurste**

Direkt vor einem Substantiv wird noch ein **-e** angehängt:

die schönere Aussicht	het mooiere uitzicht
das schönste Kleid	de mooiste jurk

Ansonsten:

das Kleid ist schöner	de jurk is mooier

Niederländisch

Der Kuchen ist leckerer als...	**De cake/taart is lekkerder dan...**
Er ist schlauer als ich.	**Hij is slimmer dan ik.**
Es ist weiter als ich dachte.	**Het is verder dan ik dacht.**

Die Postämter sind mit TPG oder TNT gekennzeichnet. Die Briefkästen sind orange und haben zwei Einwürfe: einen für Sendungen im Ort und einen für **overige besternmingen** – sonstige Bestimmungen. **Postzegels** – Briefmarken gibt es in Postämtern, **postzegelverkooppunten** oder TPG/TNT-**servicepunten** in Supermärkten, Buchläden...

Wörter mit Endung -ion

Viele deutsche Wörter mit der Endung -**tion** oder -**ion** sind fast identisch zur niederländischen Übersetzung. Die Endung verwandelt sich im Niederländischen zu -**ie**. Das niederländische -**e** für -**on** wird nicht gesprochen. Es ist eine gute Übung, wenn du die Übersetzungen allein herausfindest:

abstractie – *abßtrak<u>tsi:</u>* – Abstraktion
administratie (Verwaltung)
agressie
animatie
definitie
degeneratie
decoratie
delegatie
demonstratie
depressie
dimensionaal
discussie
documentatie
emissie
emotie
informatie
innovatie
combinatie
communicatie

Niederländisch

constructie

conventie

lotion

menstruatie

operatie

organisatie

presentatie

processie

reactie

situaties

station

traditie

versies

Thema Lernen

80. **ik leer** – *ik lär*	ich lerne
81. **kan** – *kann*	ich kann
82. **zeggen** – *sä:chə*	sagen
83. **de woorden** – *de wɔrden*	die Wörter
84. **ding** – *ding*	Ding
85. **waarom** – *warɔm*	warum
86. **wie** – *wi:*	wer
87. **goed** – *chu:d*	gut

Ich lerne englisch.
ik lär ängels.
Ik leer Engels.

Ich kann die Wörter „Ding", „Warum" und „Wer" sagen.
ik kann de wɔrden „ding", „warɔm" en „wi:" sä:chə.
Ik kan de woorden „ding", „waarom" en „wie" zeggen.

Das ist gut.
dat is chu:d.
Dat is goed.

Beginne eine Mail mit „Beste + Vornamen". Beginne nicht mit „**Lieve**", das bedeutet „Liebste/r"! Beende mit „**groetjes** – Grüße".

Am Handy meldet man sich mit Namen. Das Handy wird liebevoll „**mobieltje**" genannt und die Nummern beginnen immer mit 06... In Supermärkten und Kiosken gibt es „**beltegoedkaarten**" zum Aufladen. Kein Scherz: „Telefonieren" heißt auf Niederländisch „**bellen**".

Zeit – tijd

Sonntag	_son_dach	zondag
Montag	_ma:_ndach	maandag
Dienstag	_din_ßdach	dinsdag
Mittwoch	_wun_ßdach	woensdag
Donnerstag	_dond_ərdach	donderdag
Freitag	_frej_dach	vrijdag
Samstag	_sa:_tərdach	zaterdag
bis Sonntag	tot _son_dach	tot zondag
am Mittwoch	op _wun_ßdach	op woensdag
gestern	_chi_ßtərən	gisteren
heute	_fanda:_ch	vandaag
heute Abend	_de:_sə _a:_fond	deze avond

Niederländisch

morgen	mɔrchən	morgen
Vormittag	fo:rmidach	voormiddag
morgen früh	mɔrchənfruch	morgenvroeg
die Woche	de wejk	de week
Letzte Woche	fɔrichə wejk	vorige week
in einer Woche	ɔufə e:n wejk	over een week
der Monat	de ma:nd	de maand
In welchem Monat...?	in welkə ma:nd...?	In welke maand...?
das Jahr	het ja:r	het jaar
Januar	janöwari	januari
Februar	fe:brüwari	februari
März	ma:rt	maart
April	april	april
Mai	mäj	mei
Juni	jüni	juni
Juli	jüli	juli
August	auchößtöß	augustus
September	ßeptembər	september
Oktober	okto:bər	oktober

November	*no:fembər*	**november**
Dezember	*de:sembər*	**december**
Frühling	*lentə*	**lente**
Sommer	*so:mər*	**zomer**
Herbst	*herfßt*	**herfst**
Winter	*wintər*	**winter**
den ganzen Sommer	*de hejlə so:mər*	**de hele zomer**

Ist heute ein Feiertag?
is het fanda:ch e:n fe:ßtdach?
Is het vandaag een feestdag?

Bis später!
tot la:tər!
Tot later!

Um wie viel Uhr?
hu la:t?
Hoe laat?

Es ist zu spät!
het is tə la:t!
Het is te laat!

Niederländisch

Wie lange dauert es?
hu lang du:rt het?
Hoe lang duurt het?

Von 11 bis 12.
van älf tot twalf.
Van elf tot twaalf.

Adjektive und ihre Veränderung

Wenn das Adjektiv (Eigenschaftswort) alleine steht, bleibt es unverändert:

Nederland is prachtig!

Vor einem Substantiv wird ein **-e** angehängt:

Het prachtige Nederland!

Auch im Plural wird nur das **-e** angehängt:

| schöne Windmühlen | **mooie windmolens** |

Ausnahme ist das sächliche Substantiv mit unbestimmten Artikel **een** und der Verneinung „**geen** – *che:n* – kein":

ein schönes Haus	**een leuk huis**
ein gutes Buch	**een goed boek**
kein schönes Gemälde	**geen leuk schilderij**
kein gutes Essen	**geen goed eten**

Thema Polizei

88. **gisteren** – *chißtərən*	gestern
89. **dier** – *di:r*	Tier
90. **stad** – *stad*	die Stadt
91. **Ga weg!** – *cha wäch!*	Geh weg!
92. **politie** – *poli<u>tsi:</u>*	die Polizei
93. **snel** – *snell*	schnell

Gestern war in der Stadt ein Tier.
<u>chiß</u>tərən was er e:n di:r in de stad.
Gisteren was er een dier in de stad.

Ich sagte: „Geh weg!".
ik sej: cha wäch!
Ik zei: „Ga weg!".

Die Polizei kam schnell. Danke!
de poli<u>tsi:</u> ka:m snell. Dank jə well!
De politie kwam snel. Dank je wel!

Verb sein – zijn im Präteritum

ich war	*ik wa:ß*	**ik was**
du warst	*jej wa:ß*	**jij was**
er/sie/es war	*hej/sej/hät wa:ß*	**hij/zij/het was**
wir waren	*wej war̩ən*	**wij waren**
ihr wart	*jülli war̩ən*	**jullie waren**
sie waren	*sej war̩ən*	**zij waren**

Ich war zu Hause.
ik wa:s taüß.
Ik was thuis.

Du warst nicht da.
jə wa:ß er ni:t.
Je was er niet.

Er war beliebt.
hej wa:ß popjulä:r.
Hij was populair.

Wir waren uns einig.
we sain het ejnß.
We zijn het eens.

Ihr wart im Haus.
jülli warən in het haüß.
Jullie waren in het huis.

Sie waren pünktlich (aus der Zeit).
sə warən op daid.
Ze waren op tijd.

Trage stets deinen Personalausweis bei dir. Du musst dich jederzeit ausweisen können. Kauf auf keinen Fall Drogen auf der Straße. Harte Drogen sind illegal und der Verkauf von Soft Drugs ist nur in Coffeeshops erlaubt. Alkohol darf nicht auf offener Straße in Glasflaschen konsumiert werden. Lauf nicht auf den zahlreichen Fahrradwegen, du kommst dort unter die Räder. Fußgänger überqueren auch rote Ampeln und wer einen Radfahrer unter 14 Jahren anfährt, trägt immer die Schuld. Also Vorsicht!

Fun Fact
In den Niederlanden wurden 2013 acht Gefängnisse geschlossen, weil nicht genug Gefangene vorhanden waren.

Niederländisch

Modalverben

Den Modalverben „dürfen, können, müssen und wollen"
folgt ein Vollverb im Infinitiv. → Ich darf lernen.

dürfen	mogen
ich darf	**ik mag**
du darfst	**jij mag**
er/sie/es darf	**jij/zij/het mag**
wir dürfen	**wij mogen**
ihr dürft	**jullie mogen**
sie dürfen	**zij mogen**

Darf ich kochen?
Mach ik koukə?
Mag ik koken?

Darf ich fahren?
mach ik raidə?
Mag ik rijden?
LH: *reisen*

können	**kunnen** (Infinitiv)
ich kann	**ik kan** (Präsens)

Thema Polizei

du kannst	jij kunt
er/sie/es kann	jij/zij/het kan
wir können	wij kunnen
ihr könnt	jullie kunnen
sie können	zij kunnen

Wir können ins Theater gehen.
we künnen na:r het teater cha:n.
We kunnen naar het theater gaan.

Wir können tanzen.
we künnen danßə.
We kunnen dansen.

müssen	moeten
ich muss	ik moet
du musst	jij moet
er/sie/es muss	jij/zij/het moet
wir müssen	wij moeten
ihr müsst	jullie moeten
sie müssen	zij moeten

Du musst vorsichtig sein.
jə muːt forsichtich sein.
Je moet voorzichtig zijn.

Ich muss zum Bahnhof gehen.
jə muːt naːr het ßtatsion chaːn.
Je moet naar het station gaan.

wollen	willen
ich will	**ik wil**
du willst	**jij wilt**
er/sie/es will	**jij/zij/het wil**
wir wollen	**wij willen**
ihr wollt	**jullie willen**
sie wollen	**zij willen**

Sie will ein Fahrrad kaufen.
sə will eːn fiːtß koupə.
Ze wil een fiets kopen.

Sie wollen heiraten.
sə willen trauə.
Ze willen trouwen.

Kann/darf ich reinkommen?
kann ik bi:nəkomə?
Kan/mag ik binnenkomen?

Kann/darf ich für dich zahlen?
kann ik fo:r jə betsa:lə?
Kan/mag ik voor je betalen? („Mag" ist höflicher.)

Möchtest/willst du joggen?
will jə cha:n ha:rtloupen?
Wil je (gaan) hardlopen?

Musst du heimgehen?
mu:t jə na:r haüß cha:n?
Moet je naar huis gaan?

Sollen wir ins Konzert gehen?
mu:ten we na:r het kontsert cha:n?
Moeten we naar het concert gaan?

Willst du einen Kaffee?
will jə koffi:?
Wil je koffie?

Thema Farben

94. **wit** – *wi:t*	weiß
95. **zwart** – *ßwart*	schwarz
96. **blauw** – *blau*	blau
97. **rood** – *roud*	rot
98. **geel** – *che:l*	gelb
99. **groen** – *chrun*	grün
100. **bruin** – *braün*	braun

ein weißer Stern	*e:n <u>witte</u> ßtär*	een witte ster
ein schwarzer Kaffee	*e:n <u>ßwartə</u> <u>koffi:</u>*	een zwarte koffie
ein blauer Brief	*e:n <u>blauə</u> brif*	een blauwe brief
eine rote Frucht	*e:n roude frucht*	een rode vrucht
eine gelbe Sonne	*e:n <u>chelə</u> sonn*	een gele zon
ein grünes Gemüse	*e:n <u>chru:ne</u> <u>chruntə</u>*	een groene groente
ein braunes Tier	*e:n braun di:r*	een bruin dier

100 ähnliche Wörter

abholen	o̱pha:lən	ophalen
Absender	a̱fsendər	afzender
absolut	abßolü̱:t	absoluut
Adresse	a̱dreß	adres
alkoholfrei	alko:holfrä̱j	alcoholvrij
allein	ale̱jn	alleen
Allergie	alerchi̱:	allergie
anbieten	a̱:nbi:dən	aanbieden
ankommen	a̱:nko:mən	aankomen
annulieren, stornieren	anöle̱:ren	annuleren
Antibiotikum	antibio̱ti:küm	antibioticum
Antwort	a̱ntwo:rt	antwoord
Apotheke	apote̱:k	apotheek
Arm, arm	arm, arm	arm, arm
ausdrucken	a̱fdrökən	aufdrukken
Ausgang	a̱ütchan	uitgang
Auto	a̱uto:	auto
automatisch	auto:ma̱:ti:ß	automatisch

Niederländisch

Bäcker/in	_ba̱kər_	bakker
Bad	_badka:mər_	badkamer
Ball	_bal_	bal
Bank	_bank_	bank
beginnen	_bəchi̱nnə_	beginnen
bei	_bäj_	bij
Bein	_be:n_	been
Beruf	_bəru̱p_	beroep
besuchen	_bəsu̱kə_	bezoeken
Bett	_bet_	bed
Bier	_bi:r_	bier
bisschen	_e:n be:tjə_	een beetje
Blumenladen	_blu̱menwinkəl_	bloemenwinkel
Bronchitis	_bronchi̱:tiß_	bronchitis
Buch	_buk_	boek
Bushaltestelle	_bü̱ßhaltə_	bushalte
campen	_kampe:rən_	kamperen
defekt	_defe̱kt_	defect
Direktflug	_dire̱ktə flöcht_	directe vlucht
eigen	_äjchən_	eigen

100 ähnliche Wörter

entspannen	ont*ß*pann*ə*n	ontspannen
Entwicklung	ont<u>wik</u>*ə*ling	ontwikkeling
Fahrkartenautomat	ka:rtauto<u>ma:</u>t	kaartautomaat
Film	film	film
Fisch	fiß	vis
Flasche	fleß	fles
fliegen	<u>fli:</u>ch*ə*n	vliegen
Formular	formö<u>li:</u>r	formulier
Foto	<u>fo:</u>to	foto
Frage	fra:ch	vraag
Freund/in	fri:nt, <u>fri:</u>ndin	vriend, vriendin
Fußball	<u>fut</u>bal	voetbal
Gast	chaßt	gast
gehören	b*ə*<u>ho:</u>r*ə*n	behoren
Geschmack	ß*ma:*k	smaak
Gespräch	ch*ə*ßprek	gesprek
Gesundheit	ch*ə*<u>son</u>thäjt	gezondheid
Gewicht	ch*ə*<u>wicht</u>	gewicht
Glas	chlaß	glas
Glück haben	ch*ə*<u>lök</u> heb*ə*	geluk hebben

343

Niederländisch

Golfplatz	_golfteräjn_	**golfterrein**
Grad	_chra:d_	**graad**
Gramm	_chram_	**gram**
Halbpension	_halfpenßiun_	**halfpension**
Hund	_hont_	**hond**
Husten	_hußt_	**hoest**
Idee	_i:de:_	**idee**
innen	_binnən_	**binnen**
Jacke	_jaß_	**jas**
Kakao	_kakau_	**cacao**
Kamera	_ka:məra:_	**camera**
kaputt	_kapot_	**kapot**
Käse	_ka:ß_	**kaas**
kennen	_kenən_	**kennen**
Koffer	_kofər_	**koffer**
Kondom	_kondo:m_	**condoom**
Konsulat	_konsöla:t_	**consulaat**
Kuchen	_ke:k_	**cake**
lachen	_lachən_	**lachen**
langsam	_langsa:m_	**langzaam**

100 ähnliche Wörter

leben	_le:_fən	leven
Metro/U-Bahn	_me:_tro:	metro
Motor(rad)	_mo:_tor	motor
Musik	mö_si:k_	muziek
Notfall	_no:_tchəfal	noodgeval
Nuss	no:t	noot
packen, einpacken	_pak_ən, _in_pakən	pakken, inpakken
Partner/in	_partn_ər	partner
Rechnung	_re:_kəning	rekening
Regen	_rech_ən	regen
Regierung	reche:ring	regering
Reservierung	re:ßerfe:_r_in	reservering
Saft	ßap	sap
Schiff	ßchip	schip
schlecht	ßlecht	slecht
Schlüssel	_ßlö:_təl	sleutel
schwer	swa:r	zwaar
schwimmen	_swe_mən	zwemmen
stark	ßterk	sterk

Niederländisch

Straße	ˈstraːt	straat
Strom (Gewässer & Elektrizität)	ˈstroːm	stroom
Telefonanruf	teːleˈfoːntjə	telefoontje

Redewendungen

Bitte. Gern geschehen.
chra:chəda:n.
Graag gedaan.

Wie bitte? Was sagten Sie/du?
wat ßejcht ü/jə?
Wat zegt u/je?

Einverstanden! Okay!
ako:rt! oke!
Akkoord! Oké!

Wie komme ich zum Bahnhof?
hu kom ik bäj het ßtaßjon?
Hoe kom ik bij het station?

Rufen Sie einen Arzt/Krankenwagen!
bel e:n artß/ambölansə!
Bel een arts/ambulance!

Einen Augenblick, bitte!
e:n ochənblikjə, chra:ch!
Een ogenblikje graag!

Niederländisch

Wie viel kostet der Eintritt für Studenten/Senioren/Gruppen/Kinder?
hufe:l koßt de entre: fo:r ßtü:dentən/ßeniorən/chrupən/kindərən?
Hoeveel kost de entree voor studenten/senioren/groepen/kinderen?

Gibt es hier ein Café?
is hi:r e:n kafe:?
Is hier een café?

Gibt es Apfelkuchen?
is er appelta:rt?
Is er appeltaart?

Wann öffnet das Museum?
hu la:t o:pent het mößeöm?
Hoe laat opent het museum?

Wann schließt der Vergnügungspark?
hu la:t slaüt het pretpark?
Hoe laat sluit het pretpark?

Wo kann ich ein Fahrrad mieten?
wa:r kann ik e:n fi:tß hü:rə?
Waar kan ik een fiets huren?

Sorry, das ist mir zu teuer.
ẞ<u>o</u>ri, dat is mäj te dü:r.
Sorry, dat is mij te duur.

Ich kaufe es für 10 Euro.
ik ko:p het fo:r tin <u>ö</u>ro.
Ik koop het voor 10 euro.

Darf ich das probieren?
mach ik het probi:rǝ?
Mag ik het proberen?

Das ist genug!
dat is chǝ<u>nuch</u>!
Dat is genoeg!

Nein danke, das ist alles!
nej be<u>dankt</u>, dat is alles!
Nee bedankt, dat is alles!

Einen Moment, bitte!
e:n mo:<u>ment</u>jǝ, alßtöbli:<u>ft</u>!
Een momentje, alstublieft!

Ich wohne in einem Hausboot.
ik woun in e:n <u>woun</u>bout.
Ik woon in een woonboot.

Niederländisch

Ich spreche nur wenig Niederländisch.
ik ßpre:k ma:r e:n betjə nederlands.
Ik spreek maar een beetje Nederlands.

Zahlen

0	*nü:l*	nul
1	*ejn*	één
2	*twe*	twee
3	*dri:*	drie
4	*fi:r*	vier
5	*fejf*	vijf
6	*säß*	zes
7	*ßäjwə*	seven
8	*a:cht*	acht
9	*nejchə*	negen
10	*ti:n*	tien
11	*älf*	elf
12	*twa:lf*	twaalf
13	*derti:n*	dertien
14	*ferti:n*	veertien
15	*fejfti:n*	vijftien
16	*säßti:n*	zestien
17	*ßäjwəti:n*	zeventien
18	*a:chti:n*	achttien

Niederländisch

19	ne̲jchəti:n	negentien
20	twintəch	twintig
21	e:nenttwintəch	eenentwintig
22	tweenttwintəch	tweeëntwintig
23	dri:enttwintəch	drieëntwintig
24	fi:renttwintəch	vierentwintig
30	därtəch	dertig
31	e:nendärtəch	eenendertig
32	tweendärtəch	tweeëndertig
40	fe:rtəch	veertig
41	e:nenfe:rtəch	eenenveertig
50	fe̲jftəch	vijftig
60	seßtəch	zestig
70	ßäjwəntəch	zeventig
80	tachtəch	tachtig
90	ne̲jchəntəch	negentig
100	hɔndərt	honderd
101	hɔndərde:n	honderdeen
200	twehɔndərd	tweehonderd
300	dri:hɔndərd	driehondered

Zahlen

1000	_daüßend_	duizend
2000	_twedoußend_	tweeduizend
1.000.000	_en miljuːn_	een miljoen

1. eerste

2. tweede

3. derde

4. vierde

5. vijfde

6. zesde

7. zevende

8. achtste

9. negende

10. tiende

½ een half

⅓ een derde

¼ een kwart

¾ driekwart

Besonderheiten und Anekdoten

Wo wird Niederländisch gesprochen?

Niederländisch wird von etwa 25 Millionen Menschen gesprochen im Königreich der Niederlande, in den flämischen Gebieten Belgiens, Indonesien, Suriname und als Dialekt in Frankreich und Deutschland. Englisch und Friesisch weist viele Ähnlichkeiten mit Niederländisch auf. Aus dem Niederländischen ging auch das in Südafrika und Namibia gesprochene Afrikaans hervor.

Die niederländische Sprache gehört wie die deutsche Sprache zur westgermanischen Gruppe des germanischen Zweiges der indogermanischen Sprachen. Die indogermanischen Sprachen sind die größte Sprachfamilie der Welt mit etwa drei Milliarden Muttersprachlern. Grund der großen Verbreitung sind die Völkerwanderungen im Laufe der Jahrtausende.

Die Sprachen zeigen Übereinstimmungen im Wortschatz, in den Beugungen und in der Grammatik. Als gemeinsamer Ursprung wird eine einzelne, vorgeschichtliche indogermanische Ursprache angenommen, die bisher in Grundzügen durch einen Vergleich der einzelnen Sprachen rekonstruiert werden konnte.

Niederländisch

Verkehr in den Niederlanden

In Ortschaften gilt 50 km/h Höchstgeschwindigkeit, außerhalb geschlossener Ortschaften 80 km/h, auf Landstraßen 100 km/h und auf der Autobahn 120 km/h. Für PKW mit Anhänger gelten 40 km/h bzw. auf allen anderen Straßen 70 km/h. Die Autofahrer halten nicht unbedingt an Zebrastreifen an. Kommunikation mit Gestik wird großgeschrieben.

Ungewohnt für Deutsche sind die vielen Fahrradfahrer. Passt besonders gut auf, sie sind überall und pflegen einen selbstbewussten Fahrstil. Es herrscht die ungeschriebene Regel, dass Fahrradfahrer Vorfahrt haben. Es gibt sogar Fahrrad-Highways. In den Städten gibt es wenig Parkplätze und Falschparker werden schnell abgeschleppt oder mit einer **parkeerklem** – Parkkralle bedacht. Parke lieber am Stadtrand in einem P+R-Service. Lustigerweise heißt: Ich habe eine Autopanne. – **Ik heb pech met de auto.**

Die Bahn ist gut vernetzt mit den öffentlichen Verkehrsmitteln wie **bus**, **tram**, **metro**, **taxi** und **boot**. Besucher mit Bahnfahrkarten werden mit der **treintaxikaartje** zu einem Pauschalpreis im ganzen Stadtgebiet befördert. Die **strippenkaart** zum Abstempeln kannst du an vielen Stellen kaufen. Beim Fahrer ist sie allerdings teurer. Die Busse halten nur, wenn Handzeichen gegeben werden.

Was muss man in den Niederlanden gesehen und erlebt haben?

Im Frühling (April/Mai) sind die Tulpen in voller Blüte und ein Besuch im Keukenhof in Lisse zwischen Amsterdam und Den Haag ist ein Muss! Im Sommer kannst du Sonne und Meer entlang der niederländischen Küste genießen.

Wir waren mit der ganzen Familie mehrmals im Freizeitpark Duinrell nahe Den Haag. Hübsche und praktische Ferienhäuser, Campingplatz, Erlebnispark und Badeparadies Tikibad. Duinrell liegt nur 4 km entfernt von den Dünen an einem der schönsten Strände Europas.

Im Herbst kannst du mit dem Fahrrad die wundervolle Natur erkunden und im Winter über die romantischen Weihnachtsmärkte schlendern. Die Niederländer lieben das Eislaufen. Mangels natürlichem Eis gibt es viele Eislaufflächen mit Leihschuhen.

Die Hauptstadt Amsterdam ist immer wieder eine Reise wert und mit dem Flieger auch schnell zu erreichen.

Den Haag liegt am berühmten Scheveninger Strand und bietet die Haager Innenstadt für eine Shopping-Tour, eine Bootsfahrt durch die Grachten, das historische Zentrum, Museen und das Flair einer modernen Stadt.

Erkunde die Stadt Leiden ebenfalls mit Hilfe einer Grachtenrundfahrt. Monumentale Bauten, Museen und Wahrzeichen erwarten dich.

Verbringe einen romantischen Tag in den bezaubernden Gassen von Delft, besuche einen Workshop in Delfter Porzellanmalerei bei Royal Delft und die Gräber des Königshauses in der Nieuwe Kerk.

Wenn du in der Nähe der Küste bei Den Haag bist, verpasse die Stadt Haarlem nicht. Romantische Gassen, leckeres Essen und Kultur erwarten dich.

Interessiert dich die größte Hafenstadt Europas, Rotterdam? Oder möchtest du ins Freilichtmuseum Zaanse Schans? Dort wird das Leben im 17. und 18. Jahrhundert in den Niederlanden gezeigt. Du kannst alte Mühlen besichtigen und bei der Herstellung von Holzschuhen und Käse zusehen. Seit 1593 wird in Alkmaar Käse hergestellt und verkauft. Der Käsemarkt gehört zu den wichtigsten Sehenswürdigkeiten.

Falsche Freunde

Slim bedeutet weder dünn noch schlimm, sondern schlau.
Bellen heißt „anrufen/telefonieren".
Zat bedeutet nicht „satt", sondern „betrunken".
Bureau ist leider nur ein Schreibtisch.

Schoon heißt nicht „schön", sondern „sauber".

De zee ist „das Meer" und **het meer** ist „die See".

Klaar heißt nicht „klar", sondern „fertig".

De reden ist „der Grund, die Ursache".

Het uur ist die Stunde.

Het horloge ist die Uhr.

De winkel ist das Geschäft.

Mist heißt nicht „Mist", sondern „Nebel". (engl. mist – Nebel)

Het zeil ist weder „Zeile" noch „Seil", sondern „das Segel".

Het touw wiederum ist das Tau/Seil.

De slager ist weder ein Schläger oder ein Schlager, sondern ein Metzger, Schlachter.

Enkel bedeutet nicht „Enkel", sondern „Knöchel".

Familie ist gleich die ganze Verwandtschaft.

Verzoeken heißt nicht „versuchen", sondern „bitten".

Doof bedeutet „taub".

Eng ist „unheimlich".

Rustig bedeutet „ruhig".

Erg heißt „schlimm, arg".

Fun Facts

In den Niederlanden gibt es ein eigenes Ministerium für Wasserangelegenheiten. Sie kümmern sich um Wasserbarrieren wie Dünen und Deiche, um die zahlreichen Wasserstraßen, um den Hochwasserschutz in den Poldern (eingedeichtes Gebiet in der Nähe von Gewässern) und um die Sauberkeit des Wassers.

Die Niederlande haben die höchste dokumentierte Anzahl an Tornados in Europa, gefolgt von den UK.

Die Niederlande hat nach Einführung der Euro-Scheine deren fiktive Brücken in echt nachgebaut. Du findest sie in einem Vorort von Rotterdam, Spijkenisse. Die Bilder auf den Geldscheinen sind mit Absicht nicht real, um kein Land zu benachteiligen. Eine Seite der Scheine zeigt fiktive Gebäude aus der europäischen Architekturgeschichte: 5 €uro → griechische und römische Antike, 10 €uro → romanischer Stil, 20 €uro → Gotik, 50 €uro → Renaissance, 100 €uro → Barock, 200 €uro → Elemente der Glas- und Eisenarchitektur für die industrielle Revolution, 500 €uro → moderne Architektur. Die Rückseite zeigt Brücken, um das Zusammenwachsen der Völker und Kulturen zu demonstrieren.

Nur in den Niederlanden existiert seit 1917 eine Organisation gegen das Fluchen. In Bahnhöfen wird auf Plakaten an das Verbot erinnert: **Trein gemist? Vloek niet!**

Small Talk über das Wetter

Die Niederlande haben besonders viel Wettergeschehen. Strahlende Sonne am Meer, genügend Wind, und der Regen kommt auch aus England rüber. Vielleicht hast du Lust, dich mit einigen Sätzen, die dem Deutschen ähneln, auf diesen Small Talk vorzubereiten und damit Eindruck zu machen:

Was für ein herrliches/schreckliches Wetter!
wat e:n he:rlək/fresələk we:r!
Wat een heerlijk/vreselijk weer!

Es ist kalt draußen.
het is kaut bäutən.
Het is koud buiten.

Hier ist es warm.
hi:r is het warm.
Hier is het warm.

Es ist zu heiß.
het is te he:t.
Het is te heet.

neblig – *mißtəch* – **mistig**
windig – *wajt* – **waait**
schönes Wetter – *moj we:r* – **mooi weer**
schlechtes Wetter – *slächt we:r* – **slecht weer**

Es wird morgen wärmer/kälter.
het wort morchən warmər/kaudər.
Het wordt morgen warmer/kouder.

Niederländisch

Es wird heute nicht regnen/schneien.
het cha:t vanda:ch ni:t rechənən/sne:wən.
Het gaat vandaag niet regenen/sneeuwen.

Gewitter – *ɔnwe:r* – **onweer**
Donner – *dɔndər* – **donder**
Sturm – *stɔrm* – **storm**
Wind – *wint* – **wind**
Wetterbericht – *we:rbəricht* – **weerbericht**
sonnig – *ßɔnəch* – **zonnig**
Luft – *lücht* – **lucht**
nass – *nat* – **nat**
trocken – *drɔ:ch* – **droog**

Ebbe und Flut
eb en flut
eb en vloed

Gratulation!

Du hast bis zum Ende durchgehalten und dein Ziel erreicht. Du hast über 100 neue schwedische, norwegische, dänische und niederländische Vokabeln und die wichtigste Grammatik erlernt!

Hast du **Fragen** oder Feedback zum Buch?

Dann schreib uns gerne an:
seppeur@sprachenlernenmalanders.com

Möchtest du noch mehr Sprachen und Vokabeln lernen?

Alle Bücher von Sprachen lernen mal anders findest du auf den nächsten Seiten und unter:

www.sprachenlernenmalanders.de

Um über Neuveröffentlichungen informiert zu werden, trage dich in unseren **Newsletter** ein und erhalte den **kostenlosen Sprachenguide** mit den 10 wichtigsten Vokabeln fünf verschiedener Weltsprachen:

www.sprachenlernenmalanders.com/sprachenguide

Auf **Instagram** findest du uns unter:

www.instagram.com/sprachenlernenmalanders

Hat dir dieses Buch gefallen?

Dann hilf uns und zukünftigen Lesern mit deinem **Feedback**.
Wir würden uns sehr freuen, deine Rezension zu lesen.

www.amazon.de/review/create-review?&asin=1076090389

Herzlichen Dank!

Mehr Bücher von

www.sprachenlernenmalanders.de

Mit 100 Vokabeln um die Welt

NORWEGISCH
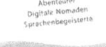
Lernen mal anders

Die 100 wichtigsten Vokabeln
für
Reisende
Abenteurer
Digitale Nomaden
Sprachenbegeisterte

SPRACHEN

DÄNISCH

Lernen mal anders

Die 100 wichtigsten Vokabeln
für
Reisende
Abenteurer
Digitale Nomaden
Sprachenbegeisterte

SPRACHEN

NIEDERLÄNDISCH
Lernen mal anders

Die 100 wichtigsten Vokabeln
für
Reisende
Abenteurer
Digitale Nomaden
Sprachenbegeisterte

SPRACHEN

RUSSISCH

Lernen mal anders

Die 100 wichtigsten Vokabeln
für
Reisende
Abenteurer
Digitale Nomaden
Sprachenbegeisterte

SPRACHEN

TÜRKISCH

Lernen mal anders

Die 100 wichtigsten Vokabeln
für
Reisende
Abenteurer
Digitale Nomaden
Sprachenbegeisterte

SPRACHEN

DÄNISCH

Lernen mal anders

Die 100 wichtigsten Vokabeln
für
Reisende
Abenteurer
Digitale Nomaden
Sprachenbegeisterte

SPRACHEN

Spanisch

SPANISCH
Lernen mal anders
1000 Vokabeln in 10 Stunden

SPANISCH
Lernen mal anders
2000 Vokabeln in 20 Stunden

SPANISCH
Lernen mal anders
3000 Vokabeln in 30 Stunden

SPANISCH
Lernen mal anders
Vamos - erste Schritte

SPANISCH
Lernen mal anders
Sprechen wie ein Spanier

SPANISCH
Lernen mal anders
333 Spanische Redewendungen

Italienisch

ITALIENISCH
Lernen mal anders
1000 Vokabeln in 10 Stunden

ITALIENISCH
Lernen mal anders
3000 Vokabeln in 30 Stunden

Französisch

FRANZÖSISCH
Lernen mal anders

1000 Vokabeln in 10 Stunden

FRANZÖSISCH
Lernen mal anders

2000 Vokabeln in 20 Stunden

FRANZÖSISCH
Lernen mal anders

3000 Vokabeln in 30 Stunden

Englisch

ENGLISCH
Lernen mal anders

1000 Vokabeln in 10 Stunden

ENGLISCH
Lernen mal anders

2000 Vokabeln in 20 Stunden

ENGLISCH
Lernen mal anders

3000 Vokabeln in 30 Stunden

BUSINESS ENGLISCH
Lernen mal anders

1000 Vokabeln in 10 Stunden

ENGLISCH
Lernen mal anders

1000 Vokabeln in 10 Stunden
für Fortgeschrittene

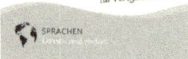

Made in United States
North Haven, CT
26 November 2025